写给青少年的

古文观止

伊泽◎编著

第3卷 书信的魅力

民主与建设出版社
·北京·

图书在版编目（CIP）数据

写给青少年的古文观止 . 3, 书信的魅力 / 伊泽编著
. -- 北京：民主与建设出版社，2022.11（2023.11）

ISBN 978-7-5139-3965-2

Ⅰ . ①写… Ⅱ . ①伊… Ⅲ . ①古典散文－散文集－中国②《古文观止》－青少年读物 Ⅳ . ① H194.1

中国版本图书馆 CIP 数据核字（2022）第 189957 号

写给青少年的古文观止·书信的魅力
XIEGEI QINGSHAONIAN DE GUWENGUANZHI SHUXIN DE MEILI

编　著	伊　泽
责任编辑	王　颂　郝　平
封面设计	阳春白雪
出版发行	民主与建设出版社有限责任公司
电　话	（010）59417747　59419778
社　址	北京市海淀区西三环中路 10 号望海楼 E 座 7 层
邮　编	100142
印　刷	德富泰（唐山）印务有限公司
版　次	2022 年 11 月第 1 版
印　次	2023 年 11 月第 5 次印刷
开　本	880 毫米 × 1230 毫米　1/32
印　张	5
字　数	75 千字
书　号	ISBN 978-7-5139-3965-2
定　价	228.00 元（全 5 册）

注：如有印、装质量问题，请与出版社联系。

目录

乐毅报燕王书

yuè yì bào yān wáng shū

《战国策》

作者档案

乐毅，生卒年不详。战国后期杰出的军事家，魏将乐羊后裔，拜燕上将军，受封昌国君，辅佐燕昭王振兴燕国。后因受燕惠王的猜忌，无奈投奔赵国，被封于观津，号为望诸君。

昌国君乐毅①，为燕昭王合五国之兵而

昌国君乐毅，替燕昭王联合五国的军队攻打齐国，攻下七十多

攻齐，下七十余城，尽郡县之以属燕。三城

座城池，并将这些地方全部作为郡县划归燕国。还有三座城没攻下，

未下，而燕昭王死。惠王即位，用齐人反间，

燕昭王就死了。燕惠王即位，中了齐人的反间计，因而怀疑乐毅，便

yí yuè yì 　　ér shǐ qí jié ② dài zhī jiàng 　　yuè yì bēn zhào 　　zhào fēng
疑乐毅，而使骑劫②代之将。乐毅奔赵，赵封
派骑劫代替乐毅统兵。乐毅逃亡到赵国，赵王封他为望诸君。齐国大

yǐ wéi wàng zhū jūn 　　qí tián dān ③ zhà qí jié 　　zú bài yān jūn 　　fù
以为望诸君。齐田单③诈骑劫，卒败燕军，复
将田单设计欺骗了骑劫，最终打败了燕国，收复了七十多座城池，恢

shōu qī shí yú chéng yǐ fù qí
收七十余城以复齐。
复了齐国的领土。

①乐毅：燕国将领。②骑劫：燕国将领。③田单：齐国人，他用
反间计使乐毅奔赵，又用火牛阵击败骑劫，因功被齐襄王任命为
相国。

yān wáng huǐ 　　jù zhào yòng yuè yì chéng yān zhī bì ① yǐ fá
燕王悔，惧赵用乐毅乘燕之敝①以伐
燕惠王深感后悔，又害怕赵国起用乐毅，趁燕国战败之时来攻

yān 　　yān wáng nǎi shǐ rén ràng ② yuè yì 　　qiě xiè zhī yuē 　　xiān
燕。燕王乃使人让②乐毅，且谢之曰："先
打燕国。于是燕惠王派人去责备乐毅，并向乐毅道歉说："先王把整

wáng jǔ guó ér wěi jiāng jūn 　　jiāng jūn wèi yān pò qí 　　bào xiān wáng zhī
王举国而委将军，将军为燕破齐，报先王之
个燕国托付给将军，将军为燕国攻破了齐国，替先王报了仇，天下人

chóu ③ 　　tiān xià mò bú zhèn dòng 　　guǎ rén qǐ gǎn yī rì ér wàng jiāng jūn
仇③，天下莫不振动，寡人岂敢一日而忘将军
无不震动，我怎么敢有一天忘记将军的功劳呢！适逢先王去世，我又刚

zhī gōng zāi 　　huì xiān wáng qì qún chén 　　guǎ rén xīn jí wèi 　　zuǒ yòu
之功哉！会先王弃群臣，寡人新即位，左右④
刚即位，身边的人蒙蔽了我。但我之所以让骑劫代替将军的职位，是

wù guǎ rén　　guǎ rén zhī shǐ qí jié dài jiāng jūn　　wèi jiāng jūn jiǔ pù lù
误寡人。寡人之使骑劫代将军，为将军久暴露
因为将军长期在外奔波辛劳，我想把您调回暂时休整一下，并且共议

yú wài　　gù zhào jiāng jūn　　qiě xiū jì ⑤ shì　　jiāng jūn guò tīng　　yǐ
于外，故召将军，且休计⑤事。将军过听，以
国家大事。然而将军误信流言，因而和我有了隔阂，就丢下燕国归附

yǔ guǎ rén yǒu xì ⑥　　suì juān ⑦ yān ér guī zhào　　jiāng jūn zì wéi jì zé
与寡人有隙⑥，遂捐⑦燕而归赵。将军自为计则
了赵国。将军为自己打算是可以的，可您又拿什么来报答先王对将军

kě yǐ　　ér yì hé yǐ bào xiān wáng zhī suǒ yǐ yù jiāng jūn zhī yì hū
可矣，而亦何以报先王之所以遇将军之意乎？　"
您的知遇之恩呢？"

①敝：败。②让：责怪。③先王之仇：指齐国因为燕国发生内乱
而趁机攻破燕国的事情。④左右：国君亲近的人。⑤计：打算。
⑥隙：隔阂。⑦捐：抛弃。

wàng zhū jūn nǎi shǐ rén xiàn shū bào yān wáng yuē　　chén bú nìng ①
望诸君乃使人献书报燕王曰："臣不佞①，
望诸君乐毅于是派人送去书信，回答燕惠王说："臣不才，不能

bù néng fèng chéng xiān wáng zhī jiào　　yǐ shùn zuǒ yòu zhī xīn　　kǒng dǐ fǔ
不能奉承先王之教，以顺左右之心，恐抵斧
遵行先王的教导，来顺从您身边人的心意，恐怕回到燕国将会遭到杀身

zhì ② zhī zuì　　yǐ shāng xiān wáng zhī míng　　ér yòu hài yú zú xià zhī
质②之罪，以伤先王之明，而又害于足下之
之祸，以致损害了先王用人的英明，又使大王蒙受不义的名声，所以只

yì　　gù dùn táo bēn zhào　　zì fù yǐ bú xiào zhī zuì　　gù bù gǎn wéi
义，故遁逃奔赵。自负以不肖之罪，故不敢为
得投奔赵国。自己甘愿承担不贤的罪名，也不敢为此辩解。如今大王派

cí shuō   jīn wáng shǐ shǐ zhě shù   zhī zuì   chén kǒng shì yù zhě   zhī
辞说。今王使使者数③之罪，臣恐侍御者④之
使者来历数我的罪过，我担心侍奉大王的人不能明察先王重视我、任用

bù chá xiān wáng zhī suǒ yǐ   xù xìng chén zhī lǐ   ér yòu bù bái yú chén zhī
不察先王之所以畜幸臣之理，而又不白于臣之
我的理由，并且也不能明白我之所以侍奉先王的心意，所以才斗胆写这

suǒ yǐ shì xiān wáng zhī xīn   gù gǎn shū yǐ duì
所以事先王之心，故敢书以对。
封信来答复您。

① 不佞：不才。② 斧质：古时斩人用的刑具。③ 数：列举。④ 侍御者：
左右侍奉的人。

chén wén xián shèng zhī jūn   bù yǐ lù sī qí qīn   gōng duō
"臣闻贤圣之君，不以禄私其亲，功多
"我听说贤明的君主，不把爵禄私赏给和自己亲近的人，而是对功

zhě shòu zhī   bù yǐ guān suí qí ài   néng dāng zhě chǔ zhī   gù chá
者授之；不以官随其爱，能当者处之。故察
劳多的人才给予；不把官职随便授给自己喜爱的人，而是将能胜任的人才

néng ér shòu guān zhě   chéng gōng zhī jūn yě   lùn xíng ér jié jiāo zhě   lì
能而授官者，成功之君也；论行而结交者，立
安排在相应的位置上。所以，考察才能再授以相应官职的，才是成就功业

míng zhī shì yě   chén yǐ suǒ xué zhě guān zhī   xiān wáng zhī jǔ cuò
名之士也。臣以所学者观之，先王之举错，
的君主；根据德行结交朋友的，才是树立名声的贤士。我用所学的知识观察，

yǒu gāo shì zhī xīn   gù jiǎ jié①   yú wèi wáng   ér yǐ shēn dé chá yú
有高世之心，故假节①于魏王，而以身得察于
先王处理国事，无处不表现着超越当代君主的胸怀，所以我才借着为魏王

燕。先王过举，擢②之乎宾客之中，而立之乎
出使的机会来到燕国。先王很看重我，将我从宾客之中选拔出来，将我的

群臣之上，不谋于父兄，而使臣为亚卿③。臣
官职安排在群臣之上，不与宗室大臣商议，就任命我为亚卿。我自以为奉

自以为奉令承教，可以幸无罪矣，故受命而
行命令、秉承教导，就可以侥幸逃脱罪罚，所以就接受了任命而没有推辞。

不辞。

①假节：凭借符节，指乐毅凭着魏王的符节出使到燕国一事。②擢：
提拔。③亚卿：官名。

　　"先王命之曰：'我有积怨深怒于齐，
　　"先王命令我说：'我和齐国有深仇大恨，顾不得国力弱小，也

不量轻弱，而欲以齐为事。'臣对曰：'夫
要找齐国报仇。'我回答说：'齐国，保持着霸主之国的传统，而且有多

齐，霸国之余教而骤胜之遗事也。闲①于甲
次打胜仗的经验。他们精于用兵，熟悉战斗进攻。大王如果想攻打齐国，

兵，习于战攻。王若欲伐之，则必举天下而
就一定要发动天下的力量来对付它。要发动天下的力量，没有比先和赵国

tú zhī jǔ tiān xià ér tú zhī mò jìng yú jié zhào yǐ qiě yòu huái
图之。举天下而图之，莫径于结赵矣。且又淮
结交更快捷有效的了。再说，齐国占有的宋国故地淮北，是楚国和魏国都

běi sòng dì chǔ wèi zhī suǒ tóng yuàn yě zhào ruò xǔ yuē
北、宋地，楚、魏之所同愿也，赵若许约，
想要得到的。赵国如果答应结约，再有楚、魏的协助，四国联合攻齐，就

chǔ zhào sòng jìn lì sì guó gōng zhī qí kě dà pò yě
楚、赵、宋尽力，四国攻之，齐可大破也。'
一定可以大破齐国。'先王说：'好！'于是我接受先王的命令，准备好

xiān wáng yuē shàn chén nǎi kǒu shòu lìng jù fú jié nán
先王曰：'善！'臣乃口受令，具符节，南
符节，南行出使赵国。我回国复命以后，各国随即起兵攻齐。靠着上天的

shǐ chén yú zhào gù fǎn mìng② qǐ bīng suí ér gōng qí yǐ tiān zhī
使臣于赵。顾反命②，起兵随而攻齐。以天之
保佑和先王的威望，黄河以北的土地随着军队的到达而全数为先王所占

dào xiān wáng zhī líng hé běi zhī dì suí xiān wáng jǔ ér yǒu zhī
道，先王之灵，河北之地，随先王举而有之
有。济水边上的军队奉命进击齐军，大获全胜。轻装的步兵手持锐利的武

yú jǐ shàng jǐ shàng zhī jūn fèng lìng jī qí dà shèng zhī qīng zú
于济上。济上之军奉令击齐，大胜之。轻卒
器，长驱直入到达齐国国都。齐王仓皇逃到莒地，仅仅免于一死。齐国的

ruì bīng cháng qū zhì guó qí wáng③ táo dùn zǒu jǔ jǐn yǐ shēn
锐兵，长驱至国。齐王③逃遁走莒，仅以身
珠玉财宝、车马铠甲、珍贵器物，全部收归燕国。他们的大吕钟被放置在

miǎn zhū yù cái bǎo chē jiǎ zhēn qì jìn shōu rù yān dà lǚ chén
免。珠玉财宝、车甲珍器，尽收入燕。大吕陈
元英殿里，燕国那被齐国掠去的宝鼎又回到了历室宫，齐国的各种宝物都

yú yuán yīng gù dǐng④ fǎn hū lì shì qí qì shè yú níng tái jì
于元英，故鼎④反乎历室，齐器设于宁台。蓟
被摆设在燕国的宁台。原本燕都蓟丘的旗帜，插到了齐国汶水的竹田里。

丘⑤之植，植于汶篁⑥。自五伯以来，功未有
自春秋五霸出现以来，功业没有能赶得上先王的。先王认为这个结果符合

及先王者也。先王以为顺于其志，以臣为不
他的心意，也认为我没有辜负使命，因此划分一块土地来封赏我，使我的

顿命，故裂地而封之，使之得比乎小国诸侯。
地位能够比得上小国诸侯。我虽然没什么才能，但自认为奉行命令，秉承

臣不佞，自以为奉令承教，可以幸无罪矣，
教导，就可以侥幸免于罪罚了，所以也就没有推辞，接受了封赏。

故受命而弗辞。

① 闲：通"娴"，熟练。② 顾：还。反命：复命。③ 齐王：指齐潜王。
④ 故鼎：指齐军杀燕王哙时掠夺去的燕鼎。⑤ 蓟丘：燕国都城，
在今北京西南。⑥ 汶篁：齐国汶水边的竹田。

"臣闻贤明之君，功立而不废，故著于
"我听说贤明的君王，建立功业而不使它废弃，因而才被载于史

春秋；蚤①知之士，名成而不毁，故称于后
册；有先见之明的贤士，功成名就后决不让它败坏，因而才被后人称颂

世。若先王之报怨雪耻，夷万乘之强国，收
像先王这样立志报仇雪恨，征服了拥有万辆兵车的强国，收取了它八百

bā bǎi suì zhī xù jī   jí zhì qì qún chén zhī rì   yí lìng zhào hòu sì
八百岁之蓄积，及至弃群臣之日，遗令诏后嗣
年的积蓄，去世的那一天还留下告诫继承者的遗训，使执政管事的大臣

zhī yú yì   zhí zhèng rèn shì zhī chén   suǒ yǐ néng xún fǎ lìng   shùn
之余义，执政任事之臣，所以能循法令，顺
因此能遵循法令，处理好嫡庶关系，施恩惠于平民百姓，这都是可以教

shù niè ② zhě   shī jí méng lì ③   jiē kě yǐ jiào yú hòu shì
庶孽 ② 者，施及萌隶 ③，皆可以教于后世。
育后世的。

chén wén shàn zuò zhě bú bì shàn chéng   shàn shǐ zhě bú bì shàn
"臣闻善作者不必善成，善始者不必善
"我听说善于开创的不一定善于完成，有好的开端的人未必就有好

zhōng   xī zhě wǔ zǐ xū ④   shuì tīng hū hé lǘ   gù wú wáng yuǎn jì zhì
终。昔者伍子胥 ④ 说听乎阖闾，故吴王远迹至
的结局。从前，伍子胥的主张被吴王阖闾采纳，所以吴王能远征至楚国的郢

yú yǐng   fū chāi fú shì yě   cì zhī chī yí ⑤ ér fú zhī jiāng   gù
于郢。夫差弗是也，赐之鸱夷 ⑤ 而浮之江。故
都。吴王夫差却不信伍子胥的预见能够成功，反而将伍子胥的尸体放入皮口

wú wáng fū chāi bú wù xiān lùn zhī kě yǐ lì gōng   gù chén zǐ xū ér fú
吴王夫差不悟先论之可以立功，故沉子胥而弗
袋，投入江中。吴王夫差不懂得伍子胥生前的主张是可以建功立业的，所以

huǐ   zǐ xū bù zǎo jiàn zhǔ zhī bù tóng liàng   gù rù jiāng ér bù gǎi
悔。子胥不蚤见主之不同量，故入江而不改。
把伍子胥沉入江中也不后悔。伍子胥不能及早预见新旧两位君主的肚量不同，
所以被投入江中也不改变初衷。

①蚤：通"早"。②庶孽：妾生的儿子。③萌隶：百姓。④伍子胥：春秋时吴国的大夫，因劝阻吴王夫差与越国讲和被赐死，尸体被装在皮口袋里投入江中。⑤鸱夷：皮制的口袋。

　　　　　　　　fú miǎn shēn quán gōng　　yǐ míng xiān wáng zhī jì zhě　　chén zhī
"夫免身全功，以明先王之迹者，臣之
"所以，让自己免遭杀戮，保全功名，以此来彰明先王的业绩，这

shàng jì yě　　lí　huǐ rǔ zhī fēi　　huī　xiān wáng zhī míng zhě
上 计也。离①毁辱之非，堕②先王之名者，
是我的上策。自身遭受诋毁侮辱，毁坏先王的名声，这是我最害怕的事情。

chén zhī suǒ dà kǒng yě　　lín bú cè zhī zuì　　yǐ xìng wéi lì zhě　　yì
臣之所大恐也。临不测之罪，以幸为利者，义
面对不可预测的大罪，还侥幸想助赵伐燕以求取私利，从道义上讲，这是我

zhī suǒ bù gǎn chū yě
之所不敢出也。
绝对不会做的。

①离：通"罹"，遭遇。②堕：毁坏。

　　　　　　　chén wén gǔ zhī jūn zǐ　　jiāo jué bù chū è shēng　　zhōng chén
"臣闻古之君子，交绝不出恶声；忠臣
"我听说古代的君子，即使交情断绝，也不说对方的坏话；忠臣即

zhī qù yě　　bù jié qí míng　　chén suī bú nìng　　shuò fèng jiào yú jūn zǐ
之去也，不洁其名。臣虽不佞，数奉教于君子
使含冤离开本国，也不为自己的名节辩白。我虽不才，也曾多次受教于君子。

yǐ kǒng shì yù zhě zhī qīn zuǒ yòu zhī shuō   ér bù chá shū yuǎn zhī xíng
矣。恐侍御者之亲左右之说，而不察疏远之行

我只是担心大王听信左右的话，而不体察我这个被疏远之人的行为。所以才

yě gù gǎn yǐ shū bào wéi jūn zhī liú yì yān
也。故敢以书报，唯君之留意焉。"

斗胆以书信作答，请大王好好考虑一下此事。"

深入浅出读古文

乐毅在燕国受到重用，曾率军大破齐国，攻陷齐国七十多座城池，其威名也因此达到极致。后来，燕昭王病死，燕燕惠王即位，乐毅开始受到排挤，被迫流亡赵国。燕惠王怕乐毅帮助赵国对付燕国，就写信劝他回来。乐毅深知回去后前途难料，于是回信拒绝了燕惠王。

乐毅的回信旨在拒绝燕惠王，不过却无一字直接写拒绝。通篇只称赞燕昭王之德，实际是反衬燕惠王对自己不信任。本文写昭王对他有知遇之恩、奖赏他伐齐的功劳、"功立而不废"。这些话褒扬了昭王，也在暗中贬斥了燕惠王，作者的高明之处就在于没用一个"恶"字，就使燕惠王的"恶"行昭著天下。

李斯谏逐客书
lǐ sī jiàn zhú kè shū

秦 李斯

作者档案

李斯（？—前208年），战国末楚国人。秦朝著名政治家、文学家和书法家。战国末年入秦国，初为秦相吕不韦舍人。秦王政十年（前237年）下逐客令时，上书力谏客不可逐，被秦王采纳。又为秦并六国谋划，完成统一大业。

秦宗室大臣皆言秦王①曰："诸侯人来事
qín zōng shì dà chén jiē yán qín wáng yuē zhū hóu rén lái shì
秦国的宗室大臣都对秦王说："各诸侯国来侍奉秦国的人，大都是

秦者，大抵为其主游间于秦耳，请一切逐客②。"
qín zhě dà dǐ wèi qí zhǔ yóu jiàn yú qín ěr qǐng yí qiè zhú kè
替他们各自的君主游说以离间秦的，请把所有的客卿一律驱逐出境。"李

lǐ sī yì yì zài zhú zhōng
李斯议亦在逐中。
斯也在被驱逐之列。

① 秦王：即秦始皇嬴政。② 客：其他诸侯国在秦国做官的人。

sī nǎi shàng shū yuē   chén wén lì yì zhú kè   qiè yǐ wéi guò
斯乃上书曰："臣闻吏议逐客，窃以为过
李斯于是上书秦王说："臣听说官吏们正在计议驱逐客卿，臣私下

yǐ
矣。
里认为这是错误的。

xī mù gōng qiú shì   xī qǔ yóu yú   yú róng   dōng dé
"昔穆公求士，西取由余 ① 于戎，东得
"从前穆公访求贤才，从西戎请到由余，从东边宛地得到百里奚，

bǎi lǐ xī   yú yuān   yíng jiǎn shū   yú sòng   qiú pī bào   gōng sūn zhī
百里奚 ② 于宛，迎蹇叔 ③ 于宋，求丕豹、公孙支
自宋国迎来蹇叔，从晋国招来丕豹、公孙支。这五位贤人都不是秦国人，可

yú jìn   cǐ wǔ zǐ zhě   bù chǎn yú qín   ér mù gōng yòng zhī
于晋。 ④ 此五子者，不产于秦，而穆公用之，
是穆公重用他们，因此吞并了二十个国家，于是称霸西戎。孝公施行商鞅的

bìng guó èr shí   suì bà xī róng   xiào gōng yòng shāng yāng   zhī fǎ
并国二十，遂霸西戎。孝公用商鞅 ⑤ 之法，
新法，移风易俗，人民生活因此殷实富足，国家也因此富裕强大起来，百姓

yí fēng yì sú   mín yǐ yīn shèng   guó yǐ fù qiáng   bǎi xìng lè yòng
移风易俗，民以殷盛，国以富强，百姓乐用，
乐于为国效命，各国诸侯也都亲近或臣服于秦国，后来秦国击败了楚、魏两

zhū hóu qīn fú　　huò chǔ　wèi zhī shī　jǔ dì qiān lǐ　　zhì jīn
诸侯亲服，获楚、魏之师，举地千里，至今
国的军队，占领了上千里的土地，直到今天还是安定而强盛。惠王采用张仪

zhì qiáng　huì wáng yòng zhāng yí zhī jì　bá sān chuān zhī dì　　xī bìng
治强。惠王用张仪之计，拔三川之地，西并
的连横之计，攻占了三川地区，向西吞并了巴、蜀，向北收得了上郡，向南

bā　 shǔ　　běi shōu shàng jùn ⑥　nán qǔ hàn zhōng　bāo jiǔ yí ⑦
巴、蜀，北收上郡⑥，南取汉中，包九夷⑦，
攻取了汉中，兼并了许多部族，控制了楚国的鄢、郢两都，向东占据了险要

zhì yān　　 yǐng ⑧　 dōng jù chéng gāo　 ⑨　zhī xiǎn　gē gāo yú　 ⑩　zhī
制鄢、郢⑧，东据成皋⑨之险，割膏腴⑩之
的成皋，割取了大量的肥沃土地，于是拆散了六国的合纵盟约，使他们面向

rǎng　　 suì sàn liù guó zhī zòng　shǐ zhī xī miàn shì qín　　gōng yì dào
壤，遂散六国之从，使之西面事秦，功施到
西边侍奉秦国，功业一直延续到现在。昭王得到范雎，罢黜了穰侯，驱逐了

jīn　 zhāo wáng dé fàn jū ⑪　　fèi ráng hóu ⑫　　zhú huà yáng ⑬　qiáng
今。昭王得范雎⑪，废穰侯⑫，逐华阳⑬，强
华阳君，加强了秦王室的统治，制服了豪门贵族的势力，逐步吞并了各诸侯

gōng shì　　dù sī mén　cán shí zhū hóu　shǐ qín chéng dì yè　　cǐ
公室，杜私门，蚕食诸侯，使秦成帝业。此
国，使秦国成就了帝王之业。这四位国君的成就，都是凭借了客卿的功劳。

sì jūn zhě　　 jiē yǐ kè zhī gōng　　yóu cǐ guān zhī　　kè hé fù yú qín
四君者，皆以客之功。由此观之，客何负于秦
从这些事实来看，客卿有什么对不起秦国的地方呢！假使从前这四位君主拒

zāi　 xiàng shǐ sì jūn què kè ér bú nà　　shū shì ér bú yòng　　shì shǐ
哉！向使四君却客而不内，疏士而不用，是使
绝客卿而予接纳，疏远贤才而不任用，就会使秦国无法拥有雄厚富裕的实

guó wú fù lì zhī shí　　ér qín wú qiáng dà zhī míng yě
国无富利之实，而秦无强大之名也。
力，也不会有强大的威名。

①由余：春秋时晋国人，逃亡到戎地，戎王命他出使秦国，被秦穆公看中。后来秦穆公设计离间戎王和由余，使之归秦，在他的帮助下称霸西戎。②百里奚：曾经沦为奴隶，后秦穆公用五张羊皮将他赎出，使其成为秦国的大夫。③蹇叔：百里奚的朋友，后经百里奚举荐，成为了秦国的上大夫。④丕豹：晋国人，后被秦穆公任命为秦国的将领。公孙支：字子桑，游于晋，后入秦国成为秦穆公的谋臣。⑤商鞅：公孙氏，名鞅。曾经辅佐秦孝公变法，使秦国强盛起来。⑥上郡：魏地，郡城在今陕西榆林市东南。⑦九夷：指巴蜀和楚国南阳一带的少数民族。⑧鄢：楚国别都，在今湖北宜城。郢：楚国国都，在今湖北江陵。⑨成皋：亦名虎牢关，在今河南荥阳。⑩膏腴：肥沃。⑪范雎：魏国人，因出使齐国时被诬私自受赏而获罪，后逃往秦国，受到秦昭王的赏识，成为秦国相国。⑫穰侯：即魏冉，秦昭王母宣太后的弟弟，曾为秦相，专权三十年。⑬华阳：即华阳君，秦昭王母宣太后的弟弟，因宣太后的关系得以专权。

jīn bì xià zhì kūn shān zhī yù   yǒu suí   hé zhī bǎo   chuí

"今陛下致昆山之玉，有随、和之宝，垂
"现在陛下获得了昆山的美玉，拥有了随侯珠及和氏璧，悬挂着明

míng yuè zhī zhū   fú tài ē zhī jiàn   chéng xiān lí zhī mǎ   jiàn cuì fèng

明月之珠，服太阿之剑，乘纤离之马，建翠凤
月宝珠，佩戴着太阿宝剑，骑着纤离骏马，立着翠凤羽毛装饰的旗帜，竖起

zhī qí   shù líng tuó ① zhī gǔ   cǐ shù bǎo zhě   qín bù shēng yì

之旗，树灵鼍①之鼓。此数宝者，秦不生一
鼍皮大鼓。这几件宝物没有一样是产自秦国的，但陛下却喜爱它们，这是为

yān   ér bì xià yuè ② zhī   hé yě   bì qín guó zhī suǒ shēng rán

焉，而陛下说②之，何也？必秦国之所生然
什么呢？如果一定要秦国出产的才可以使用，那么夜光之璧就不能装饰在朝

16

hòu kě   zé shì yè guāng zhī bì bú shì cháo tíng   xī xiàng zhī qì bù
后可，则是夜光之璧不饰朝廷，犀象之器不
堂之上，犀角、象牙制造的器皿就不能成为玩赏之物，郑国、魏国的美女就

wéi wán hào   zhèng wèi zhī nǚ bù chōng hòu gōng   ér jùn mǎ jué tí   ③ bù
为玩好，郑魏之女不充后宫，而骏马駃騠③不
不会充实您的后宫，骏马駃騠就不会养在您的马厩之中，江南的金、锡就不

shí wài jiù   jiāng nán jīn xī bù wéi yòng   xī shǔ dān qīng bù wéi cǎi
实外厩；江南金锡不为用，西蜀丹青不为采。
能用来制器物，西蜀的丹青就不能用来增添色彩。假如用来装饰后宫、充

suǒ yǐ shì hòu gōng   chōng xià chén   yú xīn yì   yuè ěr mù zhě   bì
所以饰后宫，充下陈，娱心意，说耳目者，必
作姬妾、娱乐心意、悦人耳目的东西，一定要秦国出产的才可以，那么，镶

chū yú qín rán hòu kě   zé shì wǎn zhū zhī zān   fù④ jī zhī ěr
出于秦然后可，则是宛珠之簪，傅④玑之珥⑤，
着宛珠的簪子、嵌着珠玑的耳环、丝绸衣服、刺绣华美的装饰，就都不能呈

ē gǎo⑥ zhī yī   jǐn xiù zhī shì   bú jìn yú qián   ér suí sú yǎ
阿缟⑥之衣，锦绣之饰，不进于前；而随俗雅
献到君王面前；而随合时俗、妆扮文雅、容貌娇艳、体态美好的赵国美女

huà   jiā yě yǎo tiǎo   zhào nǚ bú lì yú cè yě   fú jī wèng kòu
化，佳冶窈窕，赵女不立于侧也。夫击瓮叩
也不能侍立在君王身边了。敲瓮击缶、弹筝拍腿，呜呜地唱着歌以怡悦耳目

fǒu   tán zhēng bó bì⑦   ér gē hū wū wū kuài ěr mù zhě   zhēn
缶，弹筝搏髀⑦，而歌呼呜呜快耳目者，真
的，才是真正的秦国音乐；而郑国、卫国桑间的新调，韶虞、武象之类的乐

qín zhī shēng yě   zhèng wèi sāng jiān⑧   sháo yú wǔ xiàng zhě   yì guó
秦之声也；郑卫桑间⑧，韶虞武象者，异国
曲，都是他的音乐。现在秦国抛弃敲瓮击缶的音乐而改听卫国、郑国的音

zhī yuè yě   jīn qì jī wèng kòu fǒu ér jiù zhèng wèi   tuì tán zhēng ér
之乐也。今弃击瓮叩缶而就郑卫，退弹筝而
乐，舍弃弹筝而采用韶虞之乐，这样做是为什么呢？只不过是贪图一时的称

取韶虞，若是者何也？快意当前，适观而已
心如意，适合观赏罢了。如今用人却不是这个样子，不问是否合宜，不论是

矣。今取人则不然，不问可否，不论曲直，非
非曲直，只要不是秦国人就得离开，凡是外来的客卿就要驱逐出境。这样做，

秦者去，为客者逐。然则是所重者，在乎色乐
就可知秦国所重视的是美色、音乐、珠宝，而所轻视的却是人才，这实在不

珠玉，而所轻者，在乎人民也。此非所以跨海
是用来统一天下、控制诸侯的方法啊！

内、制诸侯之术也。

①灵鼍：鳄鱼。②说：通"悦"。③駃騠：良马名。④傅：附
着。⑤珥：古时的珠玉耳饰。⑥阿缟：白色丝织品。⑦髀：大腿。
⑧桑间：卫国濮水边上的一处地方。

"臣闻地广者粟多，国大者人众，兵 ①
"我听说，土地广阔，粮食就会充足；国家强大，人口就会众多；

强则士勇。是以泰山不让土壤，故能成其
装备精良，士兵就一定勇猛。因此，泰山不舍弃任何土壤，所以能成就它的

大；河海不择 ② 细流，故能就其深；王者不却
高大；河海不舍弃各种支流，所以能成就它的深广；帝王不拒绝所有的百姓，

众庶，故能明其德。是以地无四方，民无异
所以能显示出他的恩德。因此，土地不论东西南北，民众不分本国、他国，

国，四时充美，鬼神降福，此五帝三王之所
四季便都会丰实美好，鬼神也都会来降福，这就是五帝三王无敌于天下的原

以无敌也。今乃弃黔首③以资敌国，却宾客以
因。现在秦国竟然抛弃人民来帮助敌国，排斥客卿以成就其他诸侯，使得天

业④诸侯，使天下之士退而不敢西向，裹足不
下的贤才退避而不敢西进，停下脚步而不愿再入秦国，这就叫作'借武器

入秦，此所谓'藉寇兵而赍⑤盗粮'者也。
给敌人，送粮食给强盗'啊！

①兵：武器。②择：舍弃。③黔首：百姓。④业：成就功业。⑤赍：
赠送。

"夫物不产于秦，可宝者多；士不产于
"物品虽不是秦国出产的，可是珍贵的很多；人才虽不是在秦国出

秦，而愿忠者众。今逐客以资敌国，损民以益
生的，可是愿意效忠者不少。如今驱逐客卿去帮助敌国，损害民众而增加敌

仇，内自虚而外树怨于诸侯，求国之无危，不
人的实力，对内削弱了自己的国家，对外又和各诸侯结怨，这样下去想求秦

kě dé yě
可得也。"

国不发生危机，也是不可能的啊！"

qín wáng nǎi chú zhú kè zhī lìng　　fù lǐ sī guān
秦王乃除逐客之令，复李斯官。

秦王于是废除了逐客令，恢复了李斯的官职。

深入浅出读古文

　　秦人认为外来的人才并非真心效忠秦国，就建议秦王嬴政逐客。大臣李斯也在被驱逐的行列里，于是他写下了这篇文章。李斯的文章观点鲜明，利害关系清晰，秦王最终接受了他的请求，废除了逐客令。

　　此文开头写客对秦国的贡献，引穆公、孝公、惠王、昭王等朝的史事加以论证。中间部分又以秦王喜好异地的奇珍异宝切入，以奇珍异宝和人才的不同遭遇作对比，直指秦王重珍宝轻人才的荒唐做法。最后从反面说不可逐客。全文首尾相贯，紧紧围绕"如果逐客，秦国必危"这一主旨展开。

知识加油站

古代乐器——缶

　　缶，是一种陶制的打击乐器。它原本是古代一种陶器，类似瓦罐，形状很像一个小缸或钵，是古代盛水或酒的器皿。这种酒器能够成为乐器，是由于人们在盛大的宴会中，喝到兴致高处便一边敲打着盛满酒的酒器，一边大声吟唱。

报任安书（节选）

《史记》

tài shǐ gōng niú mǎ zǒu sī mǎ qiān zài bài yán   shào qīng   zú
太史公牛马走司马迁再拜言。少卿①足
像牛马一样替人奔走的仆役太史公司马迁再拜并回您的信。少卿足

xià   nǎng   zhě rǔ cì shū   jiào yǐ shèn yú jiē wù   tuī xián jìn shì
下：曩②者辱赐书，教以慎于接物，推贤进士
下：先前承蒙您写信给我，教我待人接物要谨诚持重，担负起向朝廷举荐人

wéi wù   yì qì qín qín kěn kěn   ruò wàng   pú bù xiāng shī   ér yòng
为务。意气勤勤恳恳，若望③仆不相师，而用
才的重任。辞意和语言殷勤恳切，好像是抱怨我没能遵从您的意见行事，反

liú sú rén zhī yán   pú fēi gǎn rú cǐ yě   pú suī pí nú   yì
流俗人之言。仆非敢如此也！仆虽罢驽④，亦
而听信了世俗之人的话。我是不敢这样的。我虽然才能低劣，为人愚钝，但

cháng cè wén zhǎng zhě zhī yí fēng yǐ   gù zì yǐ wéi shēn cán chǔ huì
尝侧闻长者之遗风矣。顾自以为身残处秽，
也还听过德高望重的长者的遗风。只是我认为自己的身体已经残废，地位低

dòng ér jiàn yóu   yù yì fǎn sǔn   shì yǐ dú yì yù ér shuí yǔ yǔ
动而见尤，欲益反损，是以独抑郁而谁与语。
贱，稍有举动就会遭人埋怨责难，想要做些好事反而招来损害。因此独自忧

谚曰："谁为为之？孰令听之？"盖钟子期⑤
愁烦闷，但又能向谁诉说？俗话说："为谁去做？让谁来听？"钟子期死了，

死，伯牙⑥终身不复鼓琴。何则？士为知己
伯牙便终身不再抚琴。为什么？因为士人为了解自己的人去效力，女子为喜

者用，女为说己者容。若仆大质⑦已亏缺矣，
欢自己的人打扮。像我这样已然是不完整的人，即使才能像随侯珠、和氏璧

虽才怀随、和⑧，行若由、夷⑨，终不可以为
那样可贵，品行像许由、伯夷那样高洁，终究不能引以为荣，只会被人耻笑

荣，适足以见笑而自点⑩耳。书辞宜答，会
而自取其辱。您的信我本该及时回复的，但我刚好随皇帝东巡回来，又被烦

东从上来，又迫贱事，相见日浅，卒卒⑪无
琐的事务缠身，彼此能相见的日子很少，而我又匆匆忙忙，找不出片刻的时

须臾之间，得竭志意。今少卿抱不测之罪，涉
间向您倾诉自己的心思。如今你遭遇无法推知的罪名，再过一个月，就接近

旬月，迫季冬，仆又薄从上雍，恐卒然不可
冬末了，我随皇帝去雍地的日期也迫近了，我怕转眼之间你就会遭到不幸，

讳。是仆终已不得舒愤懑以晓左右，则长逝
使我终身不能向您抒发满腔的悲愤，令您的灵魂抱有无穷的怨恨。我请求向

者魂魄私恨无穷。请略陈固陋。阙然久不报，
您大略地说说我的鄙陋之见。很长时间没回信，希望您不要见怪。

xìng wù wéi guò
幸勿为过。

① 少卿：指任安。他曾经写信给身为中书令的司马迁，要司马迁利用在武帝身边和身居要职的便利条件"举贤进士"。② 曩：从前。③ 望：怨恨。④ 罢驽：疲弱无能的劣马。⑤ 钟子期：春秋时楚国人，能听出伯牙曲中深意。⑥ 伯牙：春秋时楚国人，善于弹琴。钟子期死后，他毁琴绝弦，谓世上已无知音。⑦ 大质：身体。⑧ 随、和：随侯珠与和氏璧。 ⑨ 由、夷：许由与伯夷，两个人都是品行高洁之士。⑩ 点：通"玷"。⑪ 卒卒：匆忙仓促。卒：通"猝"。

pú wén zhī   xiū shēn zhě   zhì zhī fú yě   ài shī zhě
仆闻之："修身者，智之符也；爱施者，
我听过这样的道理："善于修身，是智慧的象征；乐于施舍，是仁

rén zhī duān yě   qǔ yǔ zhě   yì zhī biǎo yě   chǐ rǔ zhě   yǒng zhī
仁之端也；取予者，义之表也；耻辱者，勇之
德的开端；索取与给予得当，是遵守道义的表现；面对耻辱的态度，决定了

jué yě   lì míng zhě   xíng zhī jí yě   shì yǒu cǐ wǔ zhě   rán
决也；立名者，行之极也。"士有此五者，然
一个人是否勇敢；好名声的树立，是品行的最高准则。士人具备了这五种品

hòu kě yǐ tuō yú shì   liè yú jūn zǐ zhī lín yǐ   gù huò mò cǎn ①
后可以托于世，列于君子之林矣。故祸莫憯①
德后，才可以在社会上立足，进入君子的行列之中。所以，没什么比贪图小

yú yù lì   bēi mò tòng yú shāng xīn   xíng mò chǒu yú rǔ xiān   gòu
于欲利，悲莫痛于伤心，行莫丑于辱先，诟
利更悲惨的灾祸了，没什么比心灵受伤害更痛苦的悲痛了，没什么比使祖先

mò dà yú gōng xíng ②   xíng yú zhī rén   wú suǒ bǐ shǔ   fēi yī shì
莫大于宫刑②。刑余之人，无所比数，非一世
受辱更为丑恶的行为了，没什么比受宫刑更为严重的侮辱了。受过宫刑的人，

yě　suǒ cóng lái yuǎn yǐ　　xī wèi líng gōng yǔ yōng qú tóng zài　kǒng zǐ
也，所从来远矣。昔卫灵公与雍渠同载，孔子
地位是不能同任何人相提并论的，这不是一朝一代的事，而是由来已久了。

shì chén　　　shāng yāng yīn jǐng jiān jiàn　zhào liáng hán xīn　tóng zǐ　cān
适陈；③ 商鞅因景监见，赵良寒心；同子④ 参
从前卫灵公同宦官雍渠同乘一辆车，孔子便离开卫国到了陈国；商鞅通过景

shèng　yuán sī biàn sè　zì gǔ ér chǐ zhī　fú zhōng cái zhī rén　shì
乘，袁丝变色：自古而耻之。夫中材之人，事
监见到秦孝公，赵良因而感到恐惧担心；太监赵谈陪坐在汉文帝的车上，袁

yǒu guān yú huàn shù⑤　mò bù shāng qì　ér kuàng yú kāng kǎi zhī shì
有关于宦竖⑤，莫不伤气，而况于慷慨之士
盎见了脸色骤变，因为自古以来人们就看不起这种人。对一般人而言，一旦

hū　rú jīn cháo tíng suī fá rén　nài hé lìng dāo jù zhī yú　jiàn tiān
乎？如今朝廷虽乏人，奈何令刀锯之余，荐天
事情和宦官相关，就没有不感到羞辱的，何况是抱负远大的志士呢？如今朝

xià zhī háo jùn zāi
下之豪俊哉？
廷虽缺乏人才，又怎么会让残缺的人举荐天下的豪杰俊才呢？

① 憯：通"惨"。② 宫刑：古代割除男性生殖器官的一种刑法。
③ "卫灵公"二句：春秋时，卫灵公和夫人乘车出游，让宦官雍
渠同车，而让孔子坐后面的车。孔子深以为耻辱，就离开了卫国。
④ 同子：指汉文帝的宦官赵谈，因为与司马迁的父亲司马谈同名，
避讳而称"同子"。⑤ 竖：供役使的小臣。后泛指卑贱者。

pú lài xiān rén xù yè　dé dài zuì niǎn gǔ xià　　èr shí yú
仆赖先人绪业，得待罪辇毂下，① 二十余
我依赖着先辈留下的事业，得以在天子驾下任职，到现在已经

nián yǐ　　suǒ yǐ zì wéi　shàng zhī　　bù néng nà zhōng xiào xìn　　yǒu

年矣。所以自惟：上之，不能纳忠效信，有

有二十多年了。平日里自己常想：对待主上，没能竭尽忠信，建立策

qí cè cái lì zhī yù　　zì jié míng zhǔ　　cì zhī　　yòu bù néng shí yí

奇策材力之誉，自结明主；次之，又不能拾遗

略卓越、能力突出的声誉，而得到圣明主上的信任赏识；其次，又不

bǔ quē　　zhāo xián jìn néng　　xiǎn yán xué zhī shì ②　　wài zhī　　bù néng

补阙，招贤进能，显岩穴之士②；外之，不能

能替主上拾遗补缺，招贤进能，发现有才德的隐士；对外，不能充于

bèi háng wǔ　　gōng chéng yě zhàn　　yǒu zhǎn jiàng qiān ③　　qí zhī gōng　　xià

备行伍，攻城野战，有斩将搴③旗之功；下

军队之中，参加攻城野战，取得斩将拔旗的功绩；对下，不能靠着长

zhī　　bù néng jī rì lěi láo　　qǔ zūn guān hòu lù　　yǐ wéi zōng zú jiāo

之，不能积日累劳，取尊官厚禄，以为宗族交

年功劳的积累，取得高官厚禄，让宗族和朋友们也跟着沾光得宠。这

yóu guāng chǒng　　sì zhě wú yí suì　　gǒu hé qǔ róng　　wú suǒ duǎn cháng

游光宠。四者无一遂，苟合取容，无所短长

四项没有一项成功的，我也只是勉强地保全自己的位置，没有任何微

zhī xiào　　kě jiàn yú cǐ yǐ　　xiàng zhě pú yì cháng cè xià dà fū zhī

之效，可见于此矣。向者仆亦尝厕下大夫之

小的贡献，您从这里也是看得出来的。过去，我也曾跻身于下大夫的

liè　　péi fèng wài tíng ④　　mò yì　　bù yǐ cǐ shí yǐn gāng wéi　　jìn sī

列，陪奉外廷④末议，不以此时引纲维、尽思

行列，跟在其他官员后面发表些微不足道的小议论，我没有利用这个

lù　　jīn yǐ kuī xíng wéi sǎo chú zhī lì　　zài tà róng ⑤　　zhī zhōng　　nǎi

虑，今已亏形为扫除之隶，在阘茸⑤之中，乃

时机申张国家的纲纪，为国竭尽智谋，现在身体已残，和那些打扫庭

yù yǎng shǒu shēn méi　　lùn liè shì fēi　　bú yì qīng cháo tíng　　xiū dāng

欲仰首伸眉，论列是非，不亦轻朝廷、羞当

院的太监没什么两样，位于地位卑贱的人的行列之中，竟要抬头扬眉、

shì zhī shì yé　jiē hū　jiē hū　rú pú shàng hé yán zāi　shàng
世之士邪？嗟乎！嗟乎！如仆尚何言哉！ 尚

陈说是非，这不是轻视朝廷、羞辱当世的君子吗？唉！唉！像我这样

hé yán zāi
何言哉！

的人，还能说什么呢！还能说什么呢！

①待罪：做官的谦词。辇毂下：皇帝的车驾之下。②岩穴之士：
指山林隐逸之士。③擢：拔取。④外廷：汉朝时，凡是遇到疑难
的事，则命令群臣在外廷讨论。⑤阘茸：卑贱之人。

qiě shì běn mò wèi yì míng yě　　pú shào fù bù jī　　zhī
且事本末未易明也。仆少负不羁①之

况且，事情的前因后果不容易弄明白。我年轻时自恃有不可限量的

cái　zhǎng wú xiāng qū　　zhī yù　　zhǔ shàng xìng yǐ xiān rén zhī gù
才，长无乡曲②之誉，主上幸以先人之故，

才能，可成年后没有在乡里获得好名声，幸赖主上念着我父亲的缘故，才使

shǐ dé zòu bó jì③　　chū rù zhōu wèi④　zhī zhōng　pú yǐ wéi dài pén
使得奏薄伎③，出入周卫④之中。仆以为戴盆

我能够为朝廷贡献一点儿微薄的才能，出入于宫禁之中。我认为头上顶着盆

hé yǐ wàng tiān　　gù jué bīn kè zhī zhī　wáng shì jiā zhī yè　　rì yè
何以望天，故绝宾客之知，亡室家之业，日夜

子就不能望见天，所以我断绝了与宾朋的交往，把家事抛在一边，日夜想着

sī jié qí bú xiào zhī cái lì　　wù yì xīn yíng zhí　　yǐ qiú qīn mèi yú
思竭其不肖之才力，务一心营职，以求亲媚于

竭尽我并不出色的才能和力量，用所有的精力来尽忠职守，以求得主上的亲

zhǔ shàng　　ér shì nǎi yǒu dà miù bù rán zhě
主上。而事乃有大谬不然者。

近与信任。然而事实与料想的却截然不同。

① 不羁：不受到约束。② 乡曲：乡里。③ 薄伎：微薄的才能。
④ 周卫：皇帝身边周密的护卫，即宫禁。

夫仆与李陵①俱居门下，素非能相善
fú pú yǔ lǐ líng jù jū mén xià sù fēi néng xiāng shàn
我和李陵都在朝中任职，平素并没有很深的交情，志趣追求也不相

也，趋舍异路，未尝衔杯酒、接殷勤之余欢。
yě qū shě yì lù wèi cháng xián bēi jiǔ jiē yīn qín zhī yú huān
同，不曾在一起饮酒来表示友好的情谊。但是我观察他的为人，是个能自

然仆观其为人，自守奇士，事亲孝，与士信，
rán pú guān qí wéi rén zì shǒu qí shì shì qīn xiào yǔ shì xìn
守节操的不俗之士，他孝敬双亲，信交朋友，在钱财面前表现得十分廉洁，

临财廉，取与义，分别有让，恭俭下人，常思
lín cái lián qǔ yǔ yì fēn bié yǒu ràng gōng jiǎn xià rén cháng sī
索取或给予都是按照理义行事，能分别尊卑长幼并且谦让有礼，恭敬谦虚

奋不顾身以殉国家之急。其素所蓄积也，仆
fèn bú gù shēn yǐ xùn guó jiā zhī jí qí sù suǒ xù jī yě pú
自甘人下，常常想着要奋不顾身地以死奔赴国难。他这些长期养成的好品德，

以为有国士之风。夫人臣出万死不顾一生之
yǐ wéi yǒu guó shì zhī fēng fú rén chén chū wàn sǐ bú gù yì shēng zhī
我认为很具有国士的风范。为人臣能够出于万死而不顾一生的考虑，奔赴

计，赴公家之难，斯已奇矣。今举事一不当，
jì fù gōng jiā zhī nàn sī yǐ qí yǐ jīn jǔ shì yì bú dàng
国家的危难，这已经是很出众的了！如今他行事一有不当，那些贪生怕死

而全躯保妻子之臣，随而媒蘖②其短，仆诚
ér quán qū bǎo qī zǐ zhī chén suí ér méi niè qí duǎn pú chéng
只知保全自己和家庭的大臣们，就跟着诬告夸大他的过失，我确实对此感

sī xīn tòng zhī　　qiě lǐ líng tí bù zú bù mǎn wǔ qiān　　shēn jiàn róng mǎ

私心痛之。且李陵提步卒不满五千，深践戎马

到痛心。况且李陵率领的士兵不满五千，却深入胡地，足迹到达了单于居

zhī dì　　zú lì wáng tíng　　chuí ěr hǔ kǒu　　héng tiǎo　qiáng hú　　yǎng

之地，足历王庭，垂饵虎口，横挑③强胡，仰

住的地方，如在老虎嘴边设下诱饵，毫无畏惧地向强悍的匈奴挑战，面对

yì wàn zhī shī　　yǔ chán yú lián zhàn shí yòu yú rì　　suǒ shā guò dāng

亿万之师，与单于连战十有余日，所杀过当，

匈奴亿万大军，与之连续激战了十几天，所杀的敌人超过自己军队的人数，

lǔ jiù sǐ fú shāng bù jǐ　　zhān④　qiú zhī jūn zhǎng xián zhèn bù　　nǎi

虏救死扶伤不给。旃④裘之君长咸震怖，乃

匈奴连救死扶伤都来不及。匈奴的君臣都震惊了，于是征调了左、右贤王，

xī zhēng qí zuǒ　　yòu xián wáng　　jǔ yǐn gōng zhī rén　　yì guó gòng gōng

悉征其左、右贤王，举引弓之人，一国共攻

出动了所有能拉弓射箭的人，以全国的兵力展开进攻并且包围了李陵的部

ér wéi zhī　　zhuǎn dòu qiān lǐ　　shǐ jìn dào qióng　　jiù bīng bú zhì　　shì

而围之。转斗千里，矢尽道穷，救兵不至，士

队。李陵带兵转战千里，箭射完了，道路断绝了，而救兵却不见踪影，死

zú sǐ shāng rú jī　　rán líng yì hū láo jūn　　shì wú bù qǐ　　gōng zì

卒死伤如积。然陵一呼劳军，士无不起，躬自

伤的士兵堆积遍地。但是李陵一声号召，士兵无不奋起，涕泪横流，满脸

liú tì　　huì xuè⑤ yǐn qì　　gèng zhāng kōng quān⑥　　mào bái rèn　　běi

流涕，沬血⑤饮泣，更张空弮⑥，冒白刃，北

是血，拉开没有箭的空弓弩，冒着敌人的白刃，争着向北拼死杀敌。李陵

xiàng zhēng sǐ dí zhě　　líng wèi mò shí　　shǐ yǒu lái bào　　hàn gōng qīng

向争死敌者。陵未没时，使有来报，汉公卿

的军队没有覆没的时候，有使者送来捷报，朝廷上的公卿王侯都举着酒杯

wáng hóu jiē fèng shāng shàng shòu　　hòu shù rì　　líng bài shū wén　　zhǔ shàng

王侯皆奉觞上寿。后数日，陵败书闻，主上

向主上祝贺。几天后李陵兵败，奏报传来，主上为此吃饭都没有滋味，处

wèi zhī shí bù gǎn wèi　tīng cháo bù yí　dà chén yōu jù　bù zhī suǒ
为之食不甘味，听朝不怡，大臣忧惧，不知所
理朝政时不悦之情也挂在脸上，大臣们都担忧害怕，不知如何是好。我不

chū　pú qiè bú zì liào qí bēi jiàn　jiàn zhǔ shàng cǎn chuàng dá dào
出。仆窃不自料其卑贱，见主上惨怆怛悼，
自量自己地位的卑贱，看到主上悲痛忧伤，实在想献上自己诚恳的愚昧之见。

chéng yù xiào qí kuǎn kuǎn zhī yú　yǐ wéi lǐ líng sù yǔ shì dà fū jué
诚欲效其款款之愚。以为李陵素与士大夫绝
我认为李陵平日里对部下恩遇有加，与部下同甘共苦，因而得到部下的拼

gǎn fēn shǎo　néng dé rén zhī sǐ lì　suī gǔ zhī míng jiàng　bù néng guò
甘分少，能得人之死力，虽古之名将，不能过
死效力，即使是古代的名将也未能超过他。李陵虽战败陷身匈奴，但观察

yě　shēn suī xiàn bài　bǐ guān qí yì　qiě yù dé qí dàng ér bào yú
也。身虽陷败，彼观其意，且欲得其当而报于
他的心意，是想寻找适当的机会立功以报效汉朝。战事已经到了无可奈何

hàn　shì yǐ wú kě nài hé　qí suǒ cuī bài　gōng yì zú yǐ pù yú
汉。事已无可奈何，其所摧败，功亦足以暴于
的地步了，但是李陵打败敌军的功劳也足以昭示天下了。我想把这些向主

tiān xià yǐ　pú huái yù chén zhī　ér wèi yǒu lù　shì huì zhào wèn
天下矣。仆怀欲陈之，而未有路。适会召问，
上陈说，却没有机会。适逢主上召见询问我，我就本着这个意思陈述李陵

jí yǐ cǐ zhǐ　tuī yán líng zhī gōng　yù yǐ guǎng zhǔ shàng zhī yì
即以此指，推言陵之功，欲以广主上之意，
的功绩，想要以此来宽解主上的心事，堵塞那些对李陵进行诋毁诬陷的言

sè yá zì ⑦ zhī cí　wèi néng jìn míng　míng zhǔ bù xiǎo　yǐ wéi pú
塞睚眦⑦之辞。未能尽明，明主不晓，以为仆
辞。我没能彻底地表达清楚，圣明的主上也没能深入了解，以为我诋毁贰

jǔ èr shī ⑧ ér wèi lǐ líng yóu shuì　suì xià yú lǐ ⑨。quán quán zhī
沮贰师⑧ 而为李陵游说，遂下于理⑨。拳拳之
师将军李广利，而替李陵开脱，于是就把我交给大理寺问罪。我的拳拳忠心，

zhōng zhōng bù néng zì liè yīn wèi wū shàng zú cóng lì yì jiā
忠，终不能自列，因为诬上，卒从吏议。家
始终没有机会陈述和辩白，因而被定了诬上的罪名，最后主上同意了法吏

pín huò lù bù zú yǐ zì shú jiāo yóu mò jiù shì zuǒ yòu qīn jìn
贫，货赂不足以自赎；交游莫救视，左右亲近
的判决。我因为家境贫寒，钱财不够赎罪；朋友们也没有前来探望营救的，

bú wèi yì yán shēn fēi mù shí dú yǔ fǎ lì wéi wǔ shēn yōu líng
不为一言。身非木石，独与法吏为伍，深幽囹
主上身边亲近的人也不替我说一句话。人身不是木石，我却独自和那些掌

yǔ zhī zhōng shuí kě gào sù zhě cǐ zhēn shào qīng suǒ qīn jiàn pú xíng
圄之中，谁可告诉者！此真少卿所亲见，仆行
管刑法的官吏们打交道，深陷牢狱之中，又能向谁诉说心中之苦呢！这些

shì qǐ bù rán hū lǐ líng jì shēng xiáng tuí qí jiā shēng ér pú yòu
事岂不然乎？李陵既生降，颓其家声，而仆又
是你亲眼见到的，我的遭遇难道不是这样吗？李陵已经活着投降了，败坏

èr zhī cán shì zhòng wéi tiān xià guān xiào bēi fú bēi fú shì
佴之蚕室⑩，重为天下观笑。悲夫！悲夫！事
了他家族的声誉，而我又被关在监狱，深为天下人耻笑。可悲呀！可悲呀！

wèi yì yī èr wèi sú rén yán yě
未易一二为俗人言也。
这些事情是不好对世俗之人说清楚的。

······

① 李陵：汉朝名将李广的孙子，汉武帝时的将领。② 媒糵：酒曲，此处是"酿成"的意思。③ 横挑：勇猛地挑战。④ 旃：通"毡"。⑤ 沫血：血流满面。⑥ 弮：弩弓。⑦ 眦眦：发怒时瞪眼睛。⑧ 沮：毁谤。贰师：指贰师将军李广利。⑨ 理：掌管刑法的官。⑩ 佴：

相次，随后。蚕室：刚受过宫刑的人怕风，所以要居于温暖、严密的房间，就像养蚕的屋子，故称。

fú rén qíng mò bù tān shēng wù sǐ　niàn fù mǔ　gù qī zǐ
夫人情莫不贪生恶死，念父母，顾妻子，

人没有不贪生怕死、不顾念父母妻子儿女的，至于为公正义理所激

zhì jī yú yì lǐ zhě bù rán　nǎi yǒu suǒ bù dé yǐ　yě　jīn pú
至激于义理者不然，乃有所不得已 ① 也。今仆

发的人就不是这样，他们有不得已之处。如今我很不幸，很早就失去了父母，

bú xìng　zǎo shī fù mǔ　wú xiōng dì zhī qīn　dú shēn gū lì　shào
不幸，早失父母，无兄弟之亲，独身孤立，少

没有相亲相爱的兄弟，一个人孤孤单单地活在世上，少卿你看我对妻子儿女

qīng shì pú yú qī zǐ hé rú zāi　qiě yǒng zhě bú bì sǐ jié　qiè fū
卿视仆于妻子何如哉？且勇者不必死节，怯夫

怎么样呢？况且勇敢的人不是一定要为守节而死，怯懦的人如果仰慕节义，

mù yì　hé chù bù miǎn yān　pú suī qiè nuò yù gǒu huó　yì pō shí
慕义，何处不勉焉！仆虽怯懦欲苟活，亦颇识

什么地方不可以勉励自己去死节呢！我虽然怯懦，想要苟且活在这世上，但

qù jiù ② zhī fēn yǐ　hé zhì zì chén nì léi xiè ③ zhī rǔ zāi　qiě
去就 ② 之分矣，何至自沉溺缧绁 ③ 之辱哉？且

也懂得区分弃生就死的界限，哪会自甘沉溺于牢狱生活而忍受屈辱呢？况且

fú zāng huò ④ bì qiè yóu néng yǐn jué　kuàng pú zhī bù dé yǐ hū　suǒ
夫臧获 ④ 婢妾犹能引决，况仆之不得已乎？所

奴隶婢妾尚能下决心自杀，何况我已经到了不得已的地步？我之所以忍辱苟

yǐ yǐn rěn gǒu huó　yōu yú fèn tǔ zhī zhōng ér bù cí zhě　hèn sī xīn
以隐忍苟活，幽于粪土之中而不辞者，恨私心

活，被囚禁在污秽的环境里而不肯死，是因为我心中想做的事尚未完成，如

yǒu suǒ bú jìn　　　bǐ lòu mò shì ⑤　　ér wén cǎi bù biǎo yú hòu shì yě
有所不尽，鄙陋没世 ⑤ ，而文采不表于后世也。
果就这样死去，我的文章著述便不能彰明后世了。

……

① 已：止。② 去就：舍生就死。③ 缧绁：捆绑犯人的绳子，引伸为捆绑、牢狱。④ 臧获：古时对奴婢的贱称。⑤ 没世：身死之后。

pú qiè bú xùn　　　jìn zì tuō yú wú néng zhī cí　　　wǎng luó tiān xià
仆窃不逊，近自托于无能之辞，网罗天下
我不自量力，近年来正凭借拙劣的文辞，网罗天下散失的旧闻轶

fàng yì ①　jiù wén　　lüè kǎo qí shì　　zōng qí zhōng shǐ　　jī qí chéng
放失 ① 旧闻，略考其事，综其终始，稽其成
事，大略考订其事实，将事情的始末因果连贯起来，考察其成败兴衰的

bài xīng huài zhī jì　shàng jì xuān yuán　　xià zhì yú zī　　wéi shí biǎo
败兴坏之纪。上计轩辕，下至于兹，为十表，
规律。上从黄帝开始，下至于今，写成表十篇、本纪十二篇、书八篇、

běn jì shí èr　shū bā zhāng　　shì jiā sān shí　　liè zhuàn qī shí　　fán
本纪十二，书八章，世家三十，列传七十，凡
世家三十篇、列传七十篇，共一百三十篇。也是想用来探究自然和人事

bǎi sān shí piān　yì yù yǐ jiū tiān rén zhī jì　　tōng gǔ jīn zhī biàn
百三十篇。亦欲以究天人之际，通古今之变，
之间的关系，通晓从古到今的变化，形成一家的见解。这些还没有成书，

chéng yì jiā zhī yán　　cǎo chuàng wèi jiù　　huì zāo cǐ huò　　xī qí bù
成一家之言。草创未就，会遭此祸。惜其不
就遭逢这起灾祸。我痛惜全书没有完成，因此身受最重的刑罚也没有怨

chéng shì yǐ jiù jí xíng ér wú yùn② sè　pú chéng yǐ zhù cǐ shū

成，是以就极刑而无愠②色。仆诚已著此书，

气。我是真心想完成这部书，将它藏在名山之中，留给可传的人，再让

cáng zhī míng shān　chuán zhī qí rén　tōng yì dà dū　zé pú cháng qián

藏之名山，传之其人，通邑大都，则仆偿前

它流传于天下，那么我就可以抵偿此前受的耻辱，即使被杀一万次，又

rǔ zhī zhài③　suī wàn bèi lù　qǐ yǒu huǐ zāi　rán cǐ kě wèi zhì

辱之责③，虽万被戮，岂有悔哉！然此可为智

有什么可后悔的呢！然而这些只可以向有智慧的人去说，很难对一般人

zhě dào　nán wèi sú rén yán yě

者道，难为俗人言也。

讲。

①失：同"佚"。②愠：怒。③责：通"债"。

qiě fù xià wèi yì jū　xià liú① duō bàng yì　pú yǐ kǒu yǔ

且负下未易居，下流①多谤议。仆以口语

况且背负污辱之名的人不容易安身，地位低下又常受到诽谤讥议。

yù zāo cǐ huò　zhòng wéi xiāng dǎng suǒ lù xiào② 　yǐ wū rǔ xiān rén

遇遭此祸，重为乡党所戮笑②，以污辱先人，

我因为说话而遭到这场灾祸，就更被乡里人耻笑，使祖先受到了玷污耻辱，

yì hé miàn mù fù shàng fù mǔ zhī qiū mù hū　suī lěi bǎi shì　gòu

亦何面目复上父母之丘墓乎？虽累百世，垢

我又有什么脸面再到父母的坟前去呢？即使过了百代，这耻辱也只会越来

mí shèn ěr　shì yǐ cháng yí rì ér jiǔ huí　jū zé hū hū ruò yǒu

弥甚耳！是以肠一日而九回，居则忽忽若有

越深！因此我整天愁肠百折，在家的时候恍恍惚惚，若有所失，出门常常

suǒ wáng　　chū zé bù zhī qí suǒ wǎng　　měi niàn sī chǐ　　hàn wèi cháng bù
所亡，出则不知其所往。每念斯耻，汗未尝不

不知要到何处去。每当想着这件耻辱的事情，没有哪一回不是脊背大汗淋

fā bèi zhān yī yě　　shēn zhí wéi guī gé zhī chén　　nìng dé zì yǐn shēn
发背沾衣也。身直为闺阁之臣③，宁得自引深

漓而沾湿了衣服。我的身体已和宦官一样，岂能就此退隐到山林岩穴当中

cáng yán xué yé　　gù qiě cóng sú fú chén　　yǔ shí fǔ yǎng　　yǐ tōng qí
藏岩穴邪？故且从俗浮沉，与时俯仰，以通其

呢？所以暂且与世浮沉，跟着形势上下，以表现我的狂放和迷惑不明。如

kuáng huò　　jīn shào qīng nǎi jiào yǐ tuī xián jìn shì　　wú nǎi yǔ pú sī xīn
狂惑。今少卿乃教以推贤进士，无乃与仆私心

今少卿让我推贤进士，不是和我个人的想法相违背吗？现今我虽然想自我

là miù④ hū　　jīn suī yù zì diāo zhuó⑤　　màn⑥ cí yǐ zì shì
刺谬④乎？今虽欲自雕琢⑤，曼⑥辞以自饰，

雕饰一番，用美好的言辞来美化自己，但也是毫无补益，不会取得世俗信

wú yì　　yú sú bú xìn　　shì zú qǔ rǔ ěr　　yào zhī　　sǐ rì rán
无益，于俗不信，适足取辱耳。要之，死日然

任，而只会换来耻辱。总而言之，人死了之后是非才有定论。这封信不能

hòu shì fēi nǎi dìng　　shū bù néng xī yì　　lüè chén gù lòu　　jǐn
后是非乃定。书不能悉意，略陈固陋。谨

详尽地表达我的心意，只是大略地陈说我粗浅鄙陋的意见罢了。谨再拜。

zài bài
再拜。

①下流：地位低下。②戮笑：辱笑。③闺阁之臣：指宦官。闺、
阁都是宫中小门，代指禁宫。④刺谬：违背。⑤雕琢：修饰，美化。
⑥曼：美。

深入浅出读古文

本文是司马迁回复朋友任安的一封信。在信中，司马迁诉说了自己受刑以来的屈辱与悲愤，回顾了自己从前忠君报国的志向，陈述了李陵事件的始末和自己无辜获罪的过程，说明了自己隐忍苟活的原因，表达了完成《史记》的决心。

文章首尾相续，叙事明白，数千言一气贯注。文章时而慷慨悲壮，时而忧愁哀婉，如泣如诉，刚烈之气横空而出，沉痛之语句句出自肺腑。除此之外，全文大量运用典故，对偶、引用、夸张的修辞手法穿插其中，气势宏伟。全文着重表现作者始终不认为有罪的倔强性格，也写出了其对人生价值的探索与身残志坚的英雄气概。

知识加油站

成语词汇

奋不顾身：奋勇向前，不考虑个人安危。（选自文句："然仆观其为人，自守奇士，事亲孝，与士信，临财廉，取与义，分别有让，恭俭下人，常思奋不顾身以殉国家之急。"）

晁错论贵粟疏
cháo cuò lùn guì sù shū

秦 晁错

作者档案

晁错（前200年—前154年），西汉政治家、政论家，颍川（今河南禹县）人。早年学申商刑名之学，后以通晓文献典故任太常掌故。文帝时为太子舍人，深得太子（后来的景帝）信赖。景帝即位后，任内史，迁御史大夫。吴楚七国叛乱时被政敌袁盎等上书攻击，终被杀。

圣王在上而民不冻饥者，非能耕而食①
shèng wáng zài shàng ér mín bú dòng jī zhě fēi néng gēng ér sì

圣明的君主在位时，百姓不会受冻挨饿的原因，并不是因为圣明的

之，织而衣②之也，为开其资财之道也。故
zhī zhī ér yì zhī yě wèi kāi qí zī cái zhī dào yě gù

君主能亲自种粮食给百姓吃，亲自织布供百姓穿，而是因为他能够开辟百姓

尧、禹有九年之水，汤有七年之旱，而国无捐

的增产生财之道啊。所以，尧、禹的时代有连续九年的水灾，商汤时发生连

瘠③者，以畜④积多而备先具也。

续七年的旱灾，可是国内却没有饿死饿瘦的人，这是因为国家积蓄的粮食丰足，事先就有所准备啊。

①食：作动词用，给……吃。②衣：作动词用，给……穿。③捐瘠：饿死的和瘦弱的人。④畜：通"蓄"。

今海内为一，土地人民之众不避①禹、

现在全国统一了，土地之广大、人口之众多并不亚于禹、汤的时代，

汤，加以亡天灾数年之水旱，而畜积未及者，

加上没有连年的水旱灾害，但国家的积蓄却不及禹、汤的时代，这是什么原

何也？地有余利，民有余力，生谷之土未尽

因呢？这是因为地力没有全面开发，百姓还有多余的力量没有发挥出来，能

垦，山泽之利未尽出也，游食之民未尽归农

生产粮食的土地还没有全部开垦，山林湖沼的资源还没有全部开发出来，外

也。民贫则奸邪生。贫生于不足，不足生于

出游荡求食的百姓还没有全部回乡务农。百姓贫困就会滋生奸诈邪恶的念头。

不农，不农则不地著②，不地著则离乡轻家。

贫困是由于物产不丰足导致的，而物产不丰足是由于不务农产生的，不务农

mín rú niǎo shòu　　　sūi yǒu gāo chéng shēn chí　　　yán fǎ zhòng xíng　　yóu bù

民如鸟兽，虽有高城深池，严法重刑，犹不

就能安居乡土，不安居乡土就会轻易地离开故土、轻视家园。要是百姓像

néng jìn yě

能禁也。

鸟兽一样随处觅食，即使有很高的城墙和很深的护城河，严厉的法令和严酷
的刑罚，也是不能限制住他们的。

① 不避：不让，不次于。② 地著：安居在一个地方。

　　　　　fú hán zhī yú yī　　　bú dài qīng nuǎn　　　jī zhī yú shí　　　bú dài

夫寒之于衣，不待轻暖；饥之于食，不待

人受寒挨冻的时候，不会等到有既轻又暖的衣服才穿；忍饥挨饿的

gān zhǐ　　　jī hán zhì shēn　　bú gù lián chǐ　　　rén qíng　　yí rì bú zài

甘旨；饥寒至身，不顾廉耻。人情，一日不再

时候，就不会奢求食物的甜美可口。饥寒交迫，就会不顾廉耻。人之常情，

shí zé jī　　zhōng suì bú zhì yī zé hán　　　fú fù jī bù dé shí　　fū

食则饥，终岁不制衣则寒。夫腹饥不得食，肤

一天吃不上两顿饭就会饥饿，整年都做不上衣服就会受冻。如果腹中饥饿而

hán bù dé yī　　sūi cí mǔ bù néng bǎo qí zǐ　　jūn ān néng yǐ yǒu qí

寒不得衣，虽慈母不能保其子，君安能以有其

没有饭吃，身上寒冷而无衣可穿，即使是慈母也不能保全她的儿子，君主又

mín zāi　　　míng zhǔ zhī qí rán yě　　　gù wù mín yú nóng sāng　　bó fù

民哉？明主知其然也，故务民于农桑，薄赋

怎能在这种情况下保有他的子民呢？圣明的君主懂得这个道理，所以使百姓

liǎn　　guǎng xù jī　　　yǐ shí cāng lǐn　　　bèi shuǐ hàn　　　gù mín kě dé ér

敛，广畜积，以实仓廪、备水旱，故民可得而

致力于农桑，减轻赋税，增加粮食储备，以充实粮仓、防备水旱之灾，因此

yǒu yě

有也。

能够得到人民的拥护。

mín zhě　　zài shàng suǒ yǐ mù　zhī　qū lì rú shuǐ zǒu
民 者， 在 上 所 以 牧 ① 之， 趋 利 如 水 走
对于百姓，全在君主如何管理和引导他们，他们追求利益，就像水

xià　　sì fāng wú zé yě　fú zhū yù jīn yín　jī bù kě shí　hán
下， 四 方 无 择 也。 夫 珠 玉 金 银， 饥 不 可 食， 寒
总是往低处流一样，不选择东西南北。那些珠玉金银，饥饿时不能当食物吃，

bù kě yì　rán ér zhòng guì zhī zhě　yǐ shàng yòng zhī gù yě　qí
不 可 衣， 然 而 众 贵 之 者， 以 上 用 之 故 也。 其
寒冷时不能当衣服穿，然而大家之所以珍视它，这是因为君主重视它的缘故。

wéi wù qīng wēi yì cáng　zài yú bǎ wò　kě yǐ zhōu hǎi nèi ér wú
为 物 轻 微 易 藏， 在 于 把 握 ②， 可 以 周 海 内 而 亡
这类东西轻便微小，易于收藏，拿在手里，就能遍行海内而无饥寒之忧。它

jī hán zhī huàn　cǐ lìng chén qīng bèi qí zhǔ　ér mín yì qù qí xiāng
饥 寒 之 患。 此 令 臣 轻 背 其 主， 而 民 易 去 其 乡，
们能使臣子轻易地背叛君主，百姓轻易地离开家乡，盗贼受到鼓励，逃亡的

dào zéi yǒu suǒ quàn　wáng táo zhě dé qīng zī yě　sù mǐ bù bó
盗 贼 有 所 劝 ③， 亡 逃 者 得 轻 资 也。 粟 米 布 帛，
人则得到了便于携带的资财。粮食布匹，从地里生产出来，按季节成长，靠

shēng yú dì　zhǎng yú shí　jù yú lì　fēi kě yǐ rì chéng yě　shù
生 于 地， 长 于 时， 聚 于 力， 非 可 以 日 成 也。 数
人力收获，不是在一天内能完成的。几石重的粮食，连中等体力的人都挑不

dàn ④ zhī zhòng　zhōng rén fú shèng ⑤　bù wéi jiān xié suǒ lì　yí rì fú
石 ④ 之 重， 中 人 弗 胜 ⑤， 不 为 奸 邪 所 利， 一 日 弗
起来，所以不能成为奸邪之人贪求的东西，但一天得不到它，饥饿寒冷就会

dé　ér jī hán zhì　shì gù míng jūn guì wǔ gǔ ér jiàn jīn yù
得， 而 饥 寒 至。 是 故 明 君 贵 五 谷 而 贱 金 玉。
接踵而至。因此圣明的君主重视五谷而轻视金玉珠宝。

①牧：养，引申为管理的意思。②把握：可以握在手中。③劝：鼓励。
④石：重量单位，一百二十斤。⑤弗胜：不能胜任，这里指挑不动。

jīn nóng fū wǔ kǒu zhī jiā　　qí fú yì zhě bú xià èr rén　　qí
今农夫五口之家，其服役者不下二人，其

当今五口之家的农户，成员为公家服役的至少有两人，所能耕种的

néng gēng zhě bú guò bǎi mǔ　　bǎi mǔ zhī shōu bú guò bǎi dàn　　chūn gēng
能耕者不过百亩，百亩之收不过百石。春耕，

田地不过百亩，百亩田地的收成不过百石。春天耕种，夏天锄草，秋天收获，

xià yún　　qiū huò　　dōng cáng　　fá xīn qiáo　　zhì guān fǔ　　jǐ yáo
夏耘，秋获，冬藏，伐薪樵，治官府，给徭

冬天贮藏，还得伐薪砍柴，修缮官府，服徭役。春天不能避风沙，夏天不能

yì　　chūn bù dé bì fēng chén　　xià bù dé bì shǔ rè　　qiū bù dé bì
役。春不得避风尘，夏不得避暑热，秋不得避

避暑热，秋天不能避阴雨，冬天不能避严寒，一年四季没有一天能休息；其

yīn yǔ　　dōng bù dé bì hán dòng　　sì shí zhī jiān　　wú rì xiū xī
阴雨，冬不得避寒冻，四时之间，无日休息；

间又有迎来送往、吊丧探病、抚养孤老、养育幼儿等诸多私人之间的交际。

yòu sī zì sòng wǎng yíng lái　　diào sǐ wèn jí　　yǎng gū zhǎng yòu　　zài qí
又私自送往迎来，吊死问疾，养孤长幼① 在其

农民已经是如此辛勤劳苦，还要再遭受水旱之灾，应付紧急的政令、暴虐的

zhōng　　qín kǔ rú cǐ　　shàng fù bèi shuǐ hàn zhī zāi　　jí zhèng　　bào nüè
中。勤苦如此，尚复被水旱之灾，急政②暴虐，

管制；赋税征敛常常没有定时，早上下达的命令常常是傍晚就要更改。此种

fù liǎn bù shí　　zhāo lìng ér mù gǎi　　dāng qí yǒu zhě　　bàn jià　　ér
赋敛不时，朝令而暮改。当其有者，半贾③ 而

形势下，手中有粮的人，往往半价卖出以缴税，无粮的人不得不以加倍的利

mài　　wú zhě qǔ bèi chèn zhī xī　　yú shì yǒu mài tián zhái　　yù zǐ sūn
卖，亡者取倍称之息。于是有卖田宅、鬻子孙

息去借贷，于是就有了卖掉田地房屋，甚至卖掉子孙来还债的人。而那些商

yǐ cháng zhài zhě yǐ　　ér shāng gǔ dà zhě jī zhù bèi xī　　xiǎo zhě zuò
以偿债者矣。而商贾大者积贮倍息，小者坐

人，资金多的就囤积货物成倍地赚取利润；资金少的就坐在集市上贩卖商品，

<ruby>列<rt>liè</rt></ruby><ruby>贩<rt>fàn</rt></ruby><ruby>卖<rt>mài</rt></ruby>，<ruby>操<rt>cāo</rt></ruby><ruby>其<rt>qí</rt></ruby><ruby>奇<rt>jī</rt></ruby><ruby>赢<rt>yíng</rt></ruby>④，<ruby>日<rt>rì</rt></ruby><ruby>游<rt>yóu</rt></ruby><ruby>都<rt>dū</rt></ruby><ruby>市<rt>shì</rt></ruby>，<ruby>乘<rt>chéng</rt></ruby><ruby>上<rt>shàng</rt></ruby><ruby>之<rt>zhī</rt></ruby><ruby>急<rt>jí</rt></ruby>，

牟取暴利，每日游逛于都城集市中，利用官府的紧急需求，成倍地抬高物价。

<ruby>所<rt>suǒ</rt></ruby><ruby>卖<rt>mài</rt></ruby><ruby>必<rt>bì</rt></ruby><ruby>倍<rt>bèi</rt></ruby>。<ruby>故<rt>gù</rt></ruby><ruby>其<rt>qí</rt></ruby><ruby>男<rt>nán</rt></ruby><ruby>不<rt>bù</rt></ruby><ruby>耕<rt>gēng</rt></ruby><ruby>耘<rt>yún</rt></ruby>，<ruby>女<rt>nǚ</rt></ruby><ruby>不<rt>bù</rt></ruby><ruby>蚕<rt>cán</rt></ruby><ruby>织<rt>zhī</rt></ruby>，<ruby>衣<rt>yī</rt></ruby><ruby>必<rt>bì</rt></ruby><ruby>文<rt>wén</rt></ruby>

所以这些人中，男人不耕田种地，女人不养蚕织布，但穿的一定是华丽的衣

<ruby>采<rt>cǎi</rt></ruby>，<ruby>食<rt>shí</rt></ruby><ruby>必<rt>bì</rt></ruby><ruby>粱<rt>liáng</rt></ruby><ruby>肉<rt>ròu</rt></ruby>，<ruby>亡<rt>wú</rt></ruby><ruby>农<rt>nóng</rt></ruby><ruby>夫<rt>fū</rt></ruby><ruby>之<rt>zhī</rt></ruby><ruby>苦<rt>kǔ</rt></ruby>，<ruby>有<rt>yǒu</rt></ruby><ruby>阡<rt>qiān</rt></ruby><ruby>陌<rt>mò</rt></ruby>⑤<ruby>之<rt>zhī</rt></ruby><ruby>得<rt>dé</rt></ruby>。

服，吃的一定是精米细肉；没有农民的劳苦，却占有田间的收成。他们凭借

<ruby>因<rt>yīn</rt></ruby><ruby>其<rt>qí</rt></ruby><ruby>富<rt>fù</rt></ruby><ruby>厚<rt>hòu</rt></ruby>，<ruby>交<rt>jiāo</rt></ruby><ruby>通<rt>tōng</rt></ruby><ruby>王<rt>wáng</rt></ruby><ruby>侯<rt>hóu</rt></ruby>，<ruby>力<rt>lì</rt></ruby><ruby>过<rt>guò</rt></ruby><ruby>吏<rt>lì</rt></ruby><ruby>势<rt>shì</rt></ruby>，<ruby>以<rt>yǐ</rt></ruby><ruby>利<rt>lì</rt></ruby><ruby>相<rt>xiāng</rt></ruby><ruby>倾<rt>qīng</rt></ruby>，

自己的雄厚财富，结交王侯，势力超过官吏，并且常常因为利益而互相倾轧，

<ruby>千<rt>qiān</rt></ruby><ruby>里<rt>lǐ</rt></ruby><ruby>游<rt>yóu</rt></ruby><ruby>敖<rt>áo</rt></ruby>⑥，<ruby>冠<rt>guān</rt></ruby><ruby>盖<rt>gài</rt></ruby><ruby>相<rt>xiāng</rt></ruby><ruby>望<rt>wàng</rt></ruby>，<ruby>乘<rt>chéng</rt></ruby><ruby>坚<rt>jiān</rt></ruby><ruby>策<rt>cè</rt></ruby><ruby>肥<rt>féi</rt></ruby>，<ruby>履<rt>lǚ</rt></ruby><ruby>丝<rt>sī</rt></ruby><ruby>曳<rt>yè</rt></ruby><ruby>缟<rt>gǎo</rt></ruby>⑦

千里之间四处遨游，一路上华贵的衣冠和华丽的伞盖相望不绝，乘的是坚固

<ruby>此<rt>cǐ</rt></ruby><ruby>商<rt>shāng</rt></ruby><ruby>人<rt>rén</rt></ruby><ruby>所<rt>suǒ</rt></ruby><ruby>以<rt>yǐ</rt></ruby><ruby>兼<rt>jiān</rt></ruby><ruby>并<rt>bìng</rt></ruby><ruby>农<rt>nóng</rt></ruby><ruby>人<rt>rén</rt></ruby>，<ruby>农<rt>nóng</rt></ruby><ruby>人<rt>rén</rt></ruby><ruby>所<rt>suǒ</rt></ruby><ruby>以<rt>yǐ</rt></ruby><ruby>流<rt>liú</rt></ruby><ruby>亡<rt>wáng</rt></ruby><ruby>者<rt>zhě</rt></ruby><ruby>也<rt>yě</rt></ruby>。

的车子，骑的是肥壮的马匹，脚穿着丝鞋，身披着绸衣。这就是商人掠夺农民，

<ruby>今<rt>jīn</rt></ruby><ruby>法<rt>fǎ</rt></ruby><ruby>律<rt>lù</rt></ruby><ruby>贱<rt>jiàn</rt></ruby><ruby>商<rt>shāng</rt></ruby><ruby>人<rt>rén</rt></ruby>，<ruby>商<rt>shāng</rt></ruby><ruby>人<rt>rén</rt></ruby><ruby>已<rt>yǐ</rt></ruby><ruby>富<rt>fù</rt></ruby><ruby>贵<rt>guì</rt></ruby><ruby>矣<rt>yǐ</rt></ruby>；<ruby>尊<rt>zūn</rt></ruby><ruby>农<rt>nóng</rt></ruby><ruby>夫<rt>fū</rt></ruby>，<ruby>农<rt>nóng</rt></ruby>

农民流离失所的原因。如今法律把商人看得很卑贱，但商人已经富贵起来了；

<ruby>夫<rt>fū</rt></ruby><ruby>已<rt>yǐ</rt></ruby><ruby>贫<rt>pín</rt></ruby><ruby>贱<rt>jiàn</rt></ruby><ruby>矣<rt>yǐ</rt></ruby>。<ruby>故<rt>gù</rt></ruby><ruby>俗<rt>sú</rt></ruby><ruby>之<rt>zhī</rt></ruby><ruby>所<rt>suǒ</rt></ruby><ruby>贵<rt>guì</rt></ruby>，<ruby>主<rt>zhǔ</rt></ruby><ruby>之<rt>zhī</rt></ruby><ruby>所<rt>suǒ</rt></ruby><ruby>贱<rt>jiàn</rt></ruby><ruby>也<rt>yě</rt></ruby>；<ruby>吏<rt>lì</rt></ruby><ruby>之<rt>zhī</rt></ruby>

法律尊重农民，可农民已经变得贫贱了。世俗所尊崇的，正是君主所轻贱的；

<ruby>所<rt>suǒ</rt></ruby><ruby>卑<rt>bēi</rt></ruby>，<ruby>法<rt>fǎ</rt></ruby><ruby>之<rt>zhī</rt></ruby><ruby>所<rt>suǒ</rt></ruby><ruby>尊<rt>zūn</rt></ruby><ruby>也<rt>yě</rt></ruby>。<ruby>上<rt>shàng</rt></ruby><ruby>下<rt>xià</rt></ruby><ruby>相<rt>xiāng</rt></ruby><ruby>反<rt>fǎn</rt></ruby>，<ruby>好<rt>hào</rt></ruby><ruby>恶<rt>wù</rt></ruby><ruby>乖<rt>guāi</rt></ruby><ruby>迕<rt>wǔ</rt></ruby>⑧，

官吏所瞧不起的，正是法律所尊重的。这样上下颠倒，尊崇的和轻贱的相违

<ruby>而<rt>ér</rt></ruby><ruby>欲<rt>yù</rt></ruby><ruby>国<rt>guó</rt></ruby><ruby>富<rt>fù</rt></ruby><ruby>法<rt>fǎ</rt></ruby><ruby>立<rt>lì</rt></ruby>，<ruby>不<rt>bù</rt></ruby><ruby>可<rt>kě</rt></ruby><ruby>得<rt>dé</rt></ruby><ruby>也<rt>yě</rt></ruby>。

背，想使国家富足、法律有效，是不可能的。

① 长：养育。② 政：通"征"。③ 贾：通"价"。④ 奇赢：高额利润。⑤ 阡陌：田间小路，这里指田地。⑥ 敖：通"遨"，游玩。⑦ 曳缟：披着丝织长衣。⑧ 乖迕：违背。

fāng jīn zhī wù　mò ruò shǐ mín wù nóng ér yǐ yǐ　yù mín wù
方今之务，莫若使民务农而已矣。欲民务
所以当今的要务，没有比促使百姓从事农业生产更重要的了。要

nóng　zài yú guì sù　guì sù zhī dào　zài yú shǐ mín yǐ sù wéi shǎng
农，在于贵粟，贵粟之道，在于使民以粟为赏
想使百姓从事农业，关键在于提高粮食的身价；提高粮食身价的方法，在

fá　jīn mù tiān xià rù sù xiàn guān　dé yǐ bài jué①　dé yǐ chú
罚。今募天下入粟县官，得以拜爵①，得以除
于让百姓用粮食来求赏免罚。现在应该号召天下人向地方官府缴粮食，让

zuì　rú cǐ　fù rén yǒu jué　nóng mín yǒu qián　sù yǒu suǒ xiè②
罪。如此，富人有爵，农民有钱，粟有所渫②。
他们可以因此而获得爵位或因此赎免罪行。这样，富人得到爵位，农民则

fú néng rù sù yǐ shòu jué　jiē yǒu yú zhě yě　qǔ yú yǒu yú yǐ gōng
夫能入粟以受爵，皆有余者也。取于有余以供
有了钱财，粮食也可以分散到有用的地方去。能通过缴粮食来取得爵位的

shàng yòng　zé pín mín zhī fù kě sǔn　suǒ wèi sǔn yǒu yú　bǔ bù
上用，则贫民之赋可损，所谓损有余、补不
人，都是富裕的人；从富裕的人那里取得粮食以供朝廷使用，那么农民的

zú　lìng chū ér mín lì zhě yě　shùn yú mín xīn　suǒ bǔ zhě sān
足，令出而民利者也。顺于民心，所补者三：
赋税便可以减少，这样做正是所谓的损有余而补不足，这是政令发出就能

yī yuē zhǔ yòng zú　èr yuē mín fù shǎo　sān yuē quàn nóng gōng　jīn lìng
一曰主用足，二曰民赋少，三曰劝农功。今令
使百姓得益的事情啊！顺应人民的意愿，好处有三方面：一是主上的费用

mín yǒu chē qí mǎ ③ 　　yì pǐ zhě 　fù zú ④ 　sān rén 　chē qí zhě
民有车骑马③一匹者，复卒④三人。车骑者，
充足，二是百姓的赋税减少，三是农业生产受到鼓励。按照现行的法令：百

tiān xià wǔ bèi yě 　　gù wéi fù zú 　shén nóng zhī jiào yuē 　　　yǒu shí
天下武备也，故为复卒。神农之教曰："有石
姓能出一匹战马的，可以免除家中三人的兵役。战马是国家的战备物资，所以

chéng shí rèn ⑤ 　　tāng chí bǎi bù 　dài jiǎ bǎi wàn 　ér wú sù 　fú
城十仞⑤，汤池百步，带甲百万，而亡粟，弗
可以用它来使人免除兵役。神农氏教导说："有七八丈高的石头城，有百步宽

néng shǒu yě 　　　yǐ shì guān zhī 　sù zhě 　wáng zhě dà yòng ⑥ 　zhèng
能守也。"以是观之，粟者，王者大用⑥，政
的防御严密的护城河，有百万士兵，但如果没有粮食，也是守不住的。"由此

zhī běn wù 　lìng mín rù sù shòu jué 　zhì wǔ dà fū ⑦ 　yǐ shàng 　nǎi
之本务。令民入粟受爵，至五大夫⑦以上，乃
看来，粮食是帝王最重要的物资，是国家政务的根本所在。让百姓缴粮食换取

fù yì rén ěr 　cǐ qí yǔ qí mǎ zhī gōngxiāng qù yuǎn yǐ 　jué zhě
复一人耳，此其与骑马之功相去远矣。爵者，
爵位，爵位高到五大夫以上，才能免除一个人的兵役，这同缴战马得到的益

shàng zhī suǒ shàn 　chū yú kǒu ér wú qióng 　sù zhě 　mín zhī suǒ zhòng
上之所擅，出于口而无穷；粟者，民之所种，
处相差太远了。封爵位，是帝王专有的权力，只要开口就可以无穷无尽地封

shēng yú dì ér bù fá 　fú dé gāo jué yǔ miǎn zuì 　rén zhī suǒ shèn
生于地而不乏。夫得高爵与免罪，人之所甚
给别人；粮食，是百姓种出来的，可以从地里不断地生产出来。取得较高的

yù yě 　shǐ tiān xià rén rù sù yú biān 　yǐ shòu jué miǎn zuì 　bú guò
欲也。使天下人入粟于边，以受爵免罪，不过
爵位与免除罪罚，都是人们非常渴望的事情，如果让天下的人都缴粮食用于

sān suì 　sài xià zhī sù bì duō yǐ
三岁，塞下之粟必多矣。
边塞，用来换得爵位、免除罪罚，不用三年，边塞的粮食就一定会多起来。

①拜爵：封爵位。②渫：分散。③车骑马：指战马。④复卒：免除兵役。⑤仞：长度单位，七尺或八尺为一仞。⑥大用：最需要的东西。⑦五大夫：汉代的一种爵位，属第九级爵位。

───────────── 深入浅出读古文 ─────────────

汉文帝十二年，晁错鉴于资财匮乏的现状，向文帝上了一份奏折。这份奏折分析了资财不足的原因，也就是"土地尚有未被开发的余利，民众尚有未被开发的余力"，继而提出了贵粟、固边的政策，认为这样做才能保持国家富强、人民安定。

对"贵粟"之利和"轻农"之害的对比贯穿了全文，并透过古和今、金银珠宝和粟米布帛、农夫的勤苦和商人的安逸等多个方面对比，让人意识到"贵粟"在社会各个层面上的好处。并提出重农抑商、入粟于官、拜爵除罪等一系列主张，内容上摆事实，讲道理，前后相承，步步深入。此文通篇逻辑严密，文字也很有感染力，体现了晁错的质朴特色。

知识加油站

粮食作物——粟

粟是一年生草本植物，子实为圆形或椭圆形小粒。北方通称"谷子"，去皮后称"小米"。粟起源于中国或东亚，栽培历史悠久。黄河流域史前考古发掘的粮食作物以粟为多。直到唐代以前，粟一直是中国北方民众的主食之一。至秦汉时期，粟是种植最多的谷物，唐宋时期也在中国南方提倡种粟。

邹阳狱中上梁王书（节选）

汉 邹阳

作者档案

邹阳（约前206—前129年），西汉散文家。文帝时，为吴王刘濞门客，以文辩名于世。七国之乱时，邹阳上书谏止，吴王不听，因此与枚乘、严忌等人去了梁国，成为梁孝王的门客。后被诬陷入狱，在狱中上书梁孝王，表明自己的一片忠心。梁孝王见书大悦，立即将其释放，并尊为上客。

邹阳从梁孝王①游。阳为人有智略，慷慨不苟合，介于羊胜、公孙诡②之间。胜等疾

邹阳侍奉梁孝王。邹阳有智慧有谋略，志气慷慨而不苟且迎合流俗，他和羊胜、公孙诡同为梁孝王的门客。羊胜等人嫉恨他，在孝王面前说他的

yáng　wù zhī xiào wáng　xiào wáng nù　xià yáng lì　jiāng shā zhī　yáng
阳，恶之孝王。孝王怒，下阳吏，将杀之。阳
坏话。孝王发怒，把他交给了狱吏，打算杀掉他。邹阳于是在狱中上书梁孝

nǎi cóng yù zhōng shàng shū yuē
乃从狱中上书曰：
王，说：

chén wén　zhōng wú bú bào　xìn bú jiàn yí　chén cháng
"臣闻'忠无不报，信不见疑'，臣常
"臣听说过'忠诚不会得不到报答，信义不会招致怀疑'这样的话，

yǐ wéi rán　tú xū yǔ ěr　xī jīng kē③　mù yān dān zhī yì　bái
以为然，徒虚语耳。昔荆轲③慕燕丹之义，白
臣曾认为这话是对的，现在看来这只不过是空话。从前荆轲仰慕燕国太子丹

hóng guàn rì　tài zǐ wèi zhī　wèi xiān shēng④　wèi qín huà cháng píng zhī
虹贯日，太子畏之；卫先生④为秦画长平之
的义气，他的精诚感动上天，以致出现白色长虹穿过太阳的景象，而太子丹

shì　tài bái shí mǎo⑤　zhāo wáng yí zhī　fú jīng biàn tiān dì　ér
事，太白食昴⑤，昭王疑之。夫精变天地，而
还对他有所疑虑；卫先生为秦国谋划长平的战事，他的忠心使得太白星占据

xìn bú yù liǎng zhǔ　qǐ bù āi zāi　jīn chén jìn zhōng jié chéng　bì
信不谕两主，岂不哀哉！今臣尽忠竭诚，毕
了昴宿的位置，而秦昭王对他始终有所怀疑。这两人的精诚变异了天地，却

yì yuàn zhī　zuǒ yòu bù míng　zú cóng lì xùn　wéi shì suǒ yí　shì
议愿知，左右不明，卒从吏讯，为世所疑。是
得不到君主的信任，这岂不令人悲哀！今天臣竭尽忠诚，毫无保留地讲出我

shǐ jīng kē　wèi xiān shēng fù qǐ　ér yān qín bú wù⑥　yě　yuàn
使荆轲、卫先生复起，而燕秦不寤⑥也。愿
的想法，希望大王了解，而您左右之人却不明白，还使我被下狱、被世人怀

dà wáng shú chá zhī
大王熟察之。
疑。这就像荆轲、卫先生再生，而燕太子丹、秦昭王仍旧不醒悟一样！愿大
王深思明察。

① 梁孝王：汉文帝次子刘武。 ② 羊胜、公孙诡：二人都是梁孝王的宠臣。 ③ 荆轲：战国末期人，替燕太子丹去刺杀秦王，事败身亡。 ④ 卫先生：秦国人。秦将白起曾于长平大破赵军，派卫先生见秦王请求增兵，趁机灭赵。⑤ 昴：星宿名。⑥ 寤：通"悟"，觉悟。

"昔玉人献宝，楚王诛之；李斯竭忠，
从前卞和向楚王献上和氏璧，楚王却砍了他的脚；李斯竭尽忠心侍

胡亥极刑。是以箕子阳狂①，接舆②避世，恐
奉秦国，却被秦二世胡亥处以极刑。因此箕子假装疯癫，接舆逃离尘世，他

遭此患也。愿大王察玉人、李斯之意，而后楚
们都是怕遭到那样的祸患。但愿大王您能体察卞和与李斯的心意，抛弃楚王、

王、胡亥之听，毋使臣为箕子、接舆所笑。臣
秦二世的偏听，不要让我被箕子、接舆嘲笑。臣听说比干被挖心，伍子胥自

闻比干③剖心，子胥鸱夷④，臣始不信，乃今
杀后尸体被装进皮口袋扔到江中，臣起初不信有这等事，今天才懂了。愿大

知之。愿大王熟察，少加怜焉！
王明察，对我稍加怜悯吧。

① 箕子：名胥余，他因为进谏而被纣王囚禁，于是装疯避祸。阳：通"佯"，假装。② 接舆：春秋时楚国的隐者。③ 比干：纣王时的贤臣，因为强谏纣王而被挖心。④ 鸱夷：皮口袋。

"语曰：'有白头如新，倾盖如故。'
"俗话说：'有的人相处到老还是陌生的，有的人停车偶尔交谈一

何则？知与不知也。故樊於期①逃秦之燕，藉
次就一见如故。'为什么呢？关键是相知与不相知啊。所以樊於期从秦国逃

荆轲首以奉丹事；王奢②去齐之魏，临城自
到燕国，愿意将脑袋交给荆轲来帮助太子丹刺杀秦王；王奢离开齐国逃到魏

刭，以却齐而存魏。夫王奢、樊於期，非新于
国，登城自刭，以使齐军撤兵从而保存魏国。那王奢、樊於期与齐、秦并不

齐、秦，而故于燕、魏也，所以去二国死两君
是新交，与燕、魏也没有什么旧谊，他们之所以离开齐、秦两国而为魏、燕

者，行合于志，慕义无穷也。是以苏秦不信于
两国国君效力，是因为魏、燕两国国君的行为与他们的心愿相合，仰慕道义

天下，为燕尾生③；白圭④战亡六城，为魏取
之心无限深厚。因此，苏秦不能取信于天下，在燕国却像尾生一样信守诺言；

中山。何则？诚有以相知也。苏秦相燕，人
白圭为中山国作战连续丢了六座城池，到了魏国却能为魏攻取中山国。为什

恶之燕王，燕王按剑而怒，食以駃騠⑤；白圭
么呢？就是因为彼此相知的缘故啊。苏秦做燕国相国时，有人对燕王讲他的

显于中山，人恶之于魏文侯，文侯赐以夜光
坏话，燕王对讲坏话的人按剑而怒，反而把良马的肉赐给苏秦吃；白圭因攻

zhī bì　　hé zé　　liǎng zhǔ èr chén pōu xīn xī gān xiāng xìn　　qǐ yí yú

之璧。何则？两主二臣剖心析肝相信，岂移于

取了中山国而显耀于魏国，有人对魏文侯讲他的坏话，文侯反而赐给白圭夜

fú cí zāi

浮辞哉！

光宝璧。为什么？这是因为两位国君和两位臣子能够肝胆相照、互相信任，
又怎么会被流言蜚语动摇！

① 樊於期：原为秦将，因得罪秦王，逃亡到燕国，受到太子丹礼遇。
② 王奢：齐臣，因罪逃到了魏国。后来齐国攻打魏国，他登城对
齐将说："今君之来，不过以奢之故也。夫义不苟生，以为魏累。"
于是自杀了。③ 尾生：《庄子》中曾讲了尾生的故事，他与一女
子约于桥下，洪水至而女子没来，为了守信，他便抱桥柱而死。
④ 白圭：战国时中山国的将领。⑤ 駃騠：良马。

gù nǚ wú měi è　　　rù gōng jiàn dù　　shì wú xián bú xiào

"故女无美恶，入宫见妒；士无贤不肖，

"所以说女子无论美丑，一入宫中就会有人嫉妒；士人不论贤与不贤，

rù cháo jiàn jí　　xī sī mǎ xǐ bìn jiǎo yú sòng　　zú xiàng zhōng shān

入朝见嫉。昔司马喜膑脚于宋，卒相中山；

一入朝廷便会受人嫉恨。从前司马喜在宋国被挖去膝盖骨，后来却做了中山

fàn jū lā xié zhé chǐ yú wèi　　zú wéi yìng hóu　　cǐ èr rén zhě　　jiē

范雎拉胁折齿于魏，卒为应侯。此二人者，皆

国的相国；范雎在魏国被打断了肋骨、打掉了牙齿，后来却被秦王封为应侯。

xìn bì rán zhī huà　　juān péng dǎng zhī sī　　xié gū dú zhī jiāo　　gù bù

信必然之画，捐朋党之私，挟孤独之交，故不

这两个人，都深信自己的计划必定能够实现，舍弃结党营私的私心，以孤独

néng zì miǎn yú jí dù zhī rén yě　　shì yǐ shēn tú dí　dǎo yōng zhī

能自免于嫉妒之人也。是以申徒狄①蹈雍之

清高的态度与人交往，所以不能避免嫉妒之人的诬陷。所以才有了申徒狄投

河，徐衍^②负石入海。不容于世，义不苟取比
雍水漂入黄河、徐衍背着石块跳海的事情。他们不为世俗所容，宁可舍生取

周于朝，以移主上之心。故百里奚^③乞食于
义也不在朝廷上苟且偷安、上下钻营来改变君心。所以百里奚在路边讨饭，

道路，缪公委之以政；宁戚^④饭牛车下，桓公
秦穆公却将国政交付给他；宁戚在车下喂牛，齐桓公却将他请来治理国家。

任之以国。此二人者，岂素宦于朝，借誉于左
这两个人，难道是以往就在朝中做官，依靠左右替他们说好话，然后才得到

右，然后二主用之哉？感于心，合于行，坚如
重用的吗？只要君臣的心灵互相感知，行为相合，关系就牢固如胶漆，连亲

胶漆，昆弟不能离，岂惑于众口哉？故偏听
兄弟也不能离间，又怎么会被众人的说长道短迷惑呢？所以偏听偏信就会产

生奸，独任成乱。昔鲁听季孙之说逐孔子，
生奸邪，让某一人大权独揽就会造成混乱。过去鲁国国君偏听季孙的言论赶

宋任子冉之计囚墨翟。夫以孔、墨之辩，不能
走了孔子，宋国国君听用了子冉的计谋而将墨子囚禁。以孔子、墨子二人的

自免于谗谀，而二国以危。何则？'众口铄
雄辩之才，尚且无法避免谗言中伤，使鲁、宋两国陷于危险。为什么？那就

金，积毁销骨'也。秦用戎人由余^⑤而伯中
是由于'众人的言论足以使金子熔化，积年累月的诽谤足以使人毁灭'的缘

guó qí yòng yuè rén zǐ zāng ér qiáng wēi xuān cǐ èr guó qǐ xì yú
国，齐用越人子臧而强威、宣。此二国岂系于
故吧。秦国任用戎人由余而称霸中原，齐国任用越人子臧而使威王、宣王时

sú qiān yú shì xì jī piān zhī fú cí zāi gōng tīng bìng guān chuí
俗，牵于世，系奇偏之浮辞哉？公听并观，垂
的国力强盛。两国的做法，岂是拘泥于世俗的看法，为片面之词所左右？只

míng dāng shì gù yì hé zé hú yuè wéi xiōng dì yóu yú zǐ
明当世。故意合则胡、越为兄弟，由余、子
有公正地听取意见，多方面观察事态，才能成为当世的榜样。若是彼此心意

zāng shì yǐ bù hé zé gǔ ròu wéi chóu dí zhū xiàng guǎn cài shì
臧是矣；不合则骨肉为仇敌，朱、象、管、蔡⑥是
相合，胡族和越族也可以成为兄弟，由余、子臧就是这样；若是心意不合，

yǐ jīn rén zhǔ chéng néng yòng qí qín zhī míng hòu sòng lǔ zhī
矣。今人主诚能用齐、秦之明，后宋、鲁之
骨肉同胞也可能成为仇敌，丹朱、象、管叔、蔡叔就是这样。如今做君主的

tīng zé wǔ bà bù zú móu ér sān wáng yì wéi yě
听，则五伯不足俦⑦，而三王易为也。
如果真能学习齐国和秦国的用人之明，抛弃宋国和鲁国那样的偏听偏信，那
么五霸将难以相比，成为像三王那样的圣明君主也是容易的啊。

① 申徒狄：商代人，相传他因为自己的建议主张不能被采纳，投雍水而死。② 徐衍：周末人，因对乱世不满，负石投海而死。③ 百里奚：春秋时虞国人，曾沦为奴隶，秦穆公用五张羊皮将他赎回，任用为大夫。④ 宁戚：春秋时卫国人，他曾经在齐国放牛，被齐桓公碰见，桓公知道他是贤者，于是任用他为大夫。⑤ 由余：春秋时晋国人，逃亡到戎地，戎王命他出使秦国，被秦穆公看中。后来秦穆公设计离间戎王和由余，使之归秦，在他的帮助之下称霸西戎。⑥ 朱：指丹朱，尧的儿子。尧因为他不贤而将天下传给了舜。象：舜的异母弟，他曾经和父母共谋害舜。管、蔡：即管叔和蔡叔，他们是周武王的弟弟，武王死后他们联合纣王的儿子武庚发动叛乱，被周公平定。⑦ 俦：相比。

"是以圣王觉寤，捐子之之心，而不说

"因此圣明的君主觉悟了，便会抛弃子之那样的忠心，而且不喜欢

田常之贤；封比干之后，修孕妇之墓①，故

田常那样的贤才；会封赏像比干那样的忠臣的后代，为被残害的孕妇修建坟

功业覆于天下。何则？欲善无厌也。夫晋文

墓，这样才能功业覆盖天下。为什么？就是要持续地推行善政。晋文公能够

亲其仇，强伯诸侯；齐桓用其仇，而一匡天

亲近以前的仇人，因而得以称霸诸侯；齐桓公能够重用他的仇人，因而得以

下。何则？慈仁殷勤，诚加于心，不可以虚辞

成就一匡天下的霸业。为什么？这是因为君主仁慈殷勤，确实能让人心中感

借也。至夫秦用商鞅之法，东弱韩魏，立强

动，这不是花哨的空话可以代替得了的。至于秦国用商鞅变法图强，向东削

天下，卒车裂②之；越用大夫种之谋，禽劲

弱了韩国、魏国的力量，成为天下的强国，但商鞅最后却受车裂而死；越王

吴而伯中国，遂诛其身。是以孙叔敖三去相

勾践用大夫文种的计谋，力克强大的吴国而称霸中原，但文种最后却被赐死

而不悔，於陵子仲辞三公为人灌园。今人主

了。因此孙叔敖三次被罢相而不悔恨，於陵子仲拒绝了三公的高位而去给人

诚能去骄傲之心，怀可报之意，披心腹，见

浇地种菜。如今为人主的要是真能去掉骄傲之心，怀着令人愿意报效的诚意

58

qíng sù   duò gān dǎn   shī dé hòu   zhōng yǔ zhī qióng dá   wú ài yú
情素，堕肝胆，施德厚，终与之穷达，无爱于
推心置腹，真诚相待，肝胆相照，厚施恩德，始终与人同甘苦，对士子无所

shì   zé jié zhī quǎn kě shǐ fèi yáo   zhí zhī kè kě shǐ cì yóu   hé
士，则桀之犬可使吠尧，跖之客可使刺由。何
吝惜，那么就可以使夏桀的狗对着唐尧叫，可以让盗跖的门客去刺杀许由。

kuàng yīn wàn shèng zhī quán   jiǎ shèng wáng zhī zī hū   rán zé kē chén③
况 因 万 乘 之 权，假 圣 王 之 资 乎？然 则 轲 湛③
何况凭着君主的权势，借助圣君的地位呢！倘若这样，那么荆轲被灭七族，

qī zú   yāo lí fán qī zǐ④   qǐ zú wèi dà wáng dào zāi
七族，要离燔妻子④，岂足为大王道哉！
要离烧死妻子儿女，还有必要对大王细说吗？

……

①修孕妇之墓：传说纣王和妲己曾以剖看孕妇腹中的婴儿为乐，
武王后来为被害的孕妇修了墓。②车裂：即赶车撕裂人体的一种
酷刑，俗称五马分尸。商鞅因为得罪了秦国的王公贵族，秦孝公
死后，商鞅被车裂。③湛：通"沉"。④燔妻子：要离为了替吴
王阖闾刺杀庆忌，曾让吴王砍断他的右手，烧死他的妻儿，装作
受迫害逃走，以此来骗取庆忌的信任。

chén wén shèng shì   rù cháo zhě   bù yǐ sī wū yì   dǐ lì①
"臣 闻 盛 饰 入 朝 者，不 以 私 污 义；底 厉①
"臣听说，衣冠庄重而入朝议政的大臣，不会因为私心而辱没道义；

míng hào zhě   bù yǐ lì shāng xíng   gù lǐ míng 'shèng mǔ'   zēng
名 号 者，不 以 利 伤 行。故 里 名 '胜 母'，曾
修身养性而使自己树立名声的人，不会因为贪利而损害品行。所以遇到了名

子^②不入；邑号'朝歌'^③，墨子回车。今欲

叫'胜母'的里巷，曾子就不肯走进去；有一个城邑名叫'朝歌'，墨子便

使天下寥廓之士，笼于威重之权，胁于位势之

掉转车头。现在想让天下志向远大、满怀抱负的士子，被威重的权势所笼络，

贵，回面污行，以事谄谀之人，而求亲近于左

被地位显赫的权贵所逼迫，改换面孔，玷污德行，去侍奉那些阿谀奉承的小

右，则士有伏死堀穴岩薮^④之中耳，安有尽

人，以此求得亲近主上，那么，贤士们只有老死在岩穴草莽之中了，哪里还

忠信而趋阙下^⑤者哉？"

会有竭尽忠信投奔朝廷的人呢？"

①底厉：通"砥砺"，磨刀石。②曾子：名参，孔子弟子，以纯
孝著名。③朝歌：殷代后期都城，在今河南淇县。④堀：同"窟"。
薮：草泽。⑤阙下：宫阙之下，借指君王。

深入浅出读古文

邹阳本是梁孝王的门客，深得梁孝王器重。同在孝王门下的羊胜、公孙诡嫉妒他的才能，就在梁孝王面前说他的坏话，结果邹阳被诬下狱。在狱中，邹阳为了表明自己的清白，给梁孝王写了这封信。梁孝王读后深受感动，不但释放了邹阳，还把他列为上宾。

在这篇文章中，邹阳先写自己遭受诬陷，后写自己对梁孝王的一片忠心，感情真挚。邹阳巧妙运用"同理心"，处处为梁王建功立业的宏图着想，这样有利于消除梁王对自己的误解，为展开自我辩白扫清了障碍。此外，文章非常善于制造矛盾，如首段中先说"常以为然"，但后面一句"徒虚语耳"又完成了自我否定。后又从反面论说"臣始不信，乃今知之"，这有利于感染读者，使其与自己的情感产生共鸣。邹阳还敢于批评梁孝王，认为君臣之间应该以忠信相待，不要受小人谗言的蒙蔽，这也体现出邹阳正直的品格。

知识加油站

成语词汇

众口铄金：指众人异口同声的言论，足能融化金属。比喻舆论力量强大，也喻众说足以混淆是非和真伪。（选自文句："夫以孔、墨之辩，不能自免于谗诛，而二国以危。何则？'众口铄金，积毁销骨'也。"）

司马相如上书谏猎

汉 司马相如

作者档案

司马相如（前179年—前118年），西汉著名文学家，字长卿。汉景帝时为武骑常侍，后因病免官，为梁孝王门客。汉武帝欣赏他的辞赋，召其为郎，升孝文园令。所作辞赋以《子虚赋》《上林赋》为代表。其作品主要围绕田猎盛况、宫苑的豪华壮丽等而作，是典型的宫廷文学。

相如从上至长杨①猎。是时天子方好自

司马相如跟随汉武帝到长杨宫打猎。那时天子正喜欢亲自射击熊或

击熊豕②，驰逐野兽。相如因上疏谏曰：

野猪一类的野兽，常常驱车策马进行追赶。司马相如为此上疏规劝说：

chén wén wù yǒu tóng lèi ér shū néng zhě gù lì chēng wū huò
"臣闻物有同类而殊能者，故力称乌获③，
"臣听说有事物虽然同是一类但能力不同的说法，所以同是勇士，

jié yán qìng jì yǒng qī bēn yù chén zhī yú qiè yǐ wéi
捷言庆忌④，勇期贲、育⑤。臣之愚，窃以为
谈到力气大要数乌获，谈到敏捷要数庆忌，谈到勇猛则要数孟贲、夏育。以

rén chéng yǒu zhī shòu yì yí rán jīn bì xià hào líng zǔ xiǎn shè
人诚有之，兽亦宜然。今陛下好陵阻险，射
臣下的愚陋之见，私下里觉得人类固然有这种情况，野兽也一样。如今陛下

měng shòu cù rán yù yì cái zhī shòu hài bù cún zhī dì fàn shǔ
猛兽，卒然遇逸材之兽⑥，骇不存之地，犯属
喜好跨越险阻，射猎猛兽，万一突然遇上了凶猛异常的野兽，让它在走投无

chē zhī qīng chén yú bù jí xuán yuán rén bù xiá shī qiǎo suī yǒu wū
车之清尘，舆不及还辕，人不暇施巧，虽有乌
路的情况下惊慌起来，猛然前来扑袭皇上的车驾，车辆来不及掉头，身边的

huò pángméng zhī jì bù dé yòng kū mù xiǔ zhū jìn wéi nán yǐ
获、逢蒙⑦之技不得用，枯木朽株尽为难矣。
武将卫士来不及施展武艺，即使有乌获、逢蒙一样的技艺也派不上用场，再

shì hú yuè qǐ yú gǔ xià ér qiāng yí jiē zhěn yě qǐ
是胡、越起于毂⑧下，而羌、夷接轸⑨也，岂
加上枯木朽树都会成为逃避躲闪的障碍。这种情形就好像胡人、越人突然从

bú dài zāi suī wàn quán ér wú huàn rán běn fēi tiān zǐ zhī suǒ yí jìn
不殆哉？虽万全而无患，然本非天子之所宜近
车底涌出，羌人、夷人在车后追赶，这不危险吗？就算是防护措施周全，但

yě
也。
是这种事情原本就不是天子应该接近的。

①长杨：秦宫殿名，故址在今陕西周至。②豕：猪，这里指野猪。

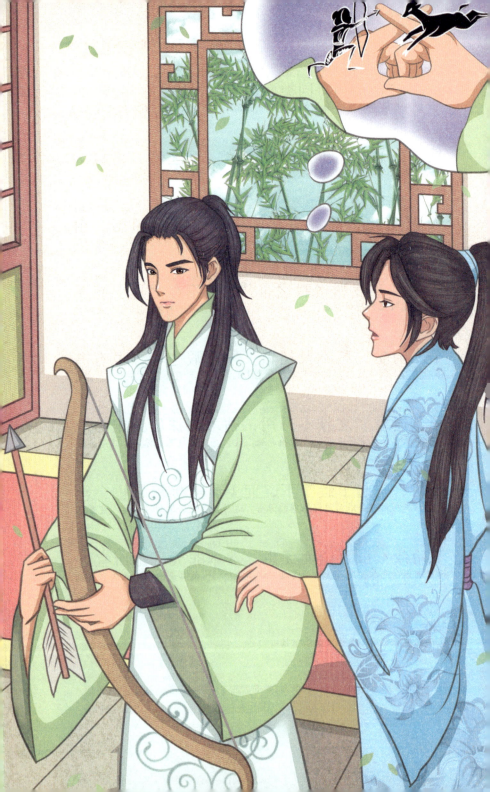

③乌获：战国时的大力士。④庆忌：春秋时吴王僚之子。⑤期：一定。贲、育：战国时的勇士孟贲和夏育。⑥卒然：卒同"猝"，突然。逸材：才能超群。⑦逢蒙：夏朝善于射箭的人。⑧毂：指车轮中心的圆木，也可代称车轮。⑨轸：车厢底框。

"且夫清道而后行，中路而驰，犹时有衔
qiě fú qīng dào ér hòu xíng　zhōng lù ér chí　yóu shí yǒu xián
"况且天子外出，即使派人先清理了道路再行走，在大道上驱驰，

橛①之变；况乎涉丰草，骋丘墟，前有利兽之
jué　zhī biàn　kuàng hū shè fēng cǎo　chěng qiū xū　qián yǒu lì shòu zhī
尚且还常常发生马嚼子断掉、车子散架的事故；何况涉足在茂密的草丛之中，

乐，而内无存变之意，其为害也不难矣！夫轻万
lè　ér nèi wú cún biàn zhī yì　qí wéi hài yě bù nán yǐ　fú qīng wàn
驰骋在山丘原野之上，眼前有猎杀野兽的乐趣，而心中却没有对发生意外的

乘②之重，不以为安，乐出万有一危之涂③以
shèng　zhī zhòng　bù yǐ wéi ān　lè chū wàn yǒu yì wēi zhī tú　yǐ
防备，这样的情况下遭遇危险恐怕是很容易的！不以天子的尊贵地位为重，

为娱，臣窃为陛下不取。盖明者远见于未萌，
wéi yú　chén qiè wéi bì xià bù qǔ　gài míng zhě yuǎn jiàn yú wèi méng
不顾自己的安全，喜欢在有危险的地方寻欢作乐，我私下以为陛下这样做是

而知者避危于无形，祸固多藏于隐微，而发于
ér zhì zhě bì wēi yú wú xíng　huò gù duō cáng yú yǐn wēi　ér fā yú
不可取的。大凡英明的人都能够在事情尚未萌发之前就有预见，有智慧的人

人之所忽者也。故鄙谚曰：'家累千金，坐不
rén zhī suǒ hū zhě yě　gù bǐ yàn yuē　jiā lěi qiān jīn　zuò bù
能在危险尚未形成之前便避开，灾祸往往隐藏在不易察觉的地方，发生在人

chuí táng
垂堂 ④。' 此言虽小，可以喻大。臣愿陛下留
们疏忽大意的时候。所以俗语说：'家中富千金，不坐屋檐下。'此话虽然

yì xìng chá
意幸察。"
说的是小事，却可以用来借喻大事情。臣希望陛下留意明察这一点。"

① 衔：马嚼子。槐：车钩心，是固定车厢底部与车轴之间的木槐。
② 万乘：这里指皇帝。③ 涂：通"途"。④ 垂堂：靠近屋檐下。
屋顶的瓦片有可能坠落，因而屋檐之下是危险之地。

深入浅出读古文

汉武帝喜欢四处游猎，游猎则难免遇到危险。司马相如见了这种情况，便向武帝上了这篇劝谏之辞。在此文中，司马相如处处为皇帝着想，可谓体贴入微，武帝看过此文后，对其大加赞赏。

本文首段引用古代士人的典故，意在说明遇到凶猛的野兽是很危险的，天子贵为一朝之尊，沉迷打猎无异于涉险。本段是以人与兽对举的方式，说明打猎的危险性。第二段重在说理，司马相如以驱车清道和驰骋田猎这两种情况作对比，指出田猎的对象一般都凶狠异常，而狩猎的环境也大多凶险，若是狩猎者没有应付变故的准备，就会遭致不幸，目的是告诫武帝谨防不测。文末以谚语"家累千金，坐不垂堂"作结，耐人寻味，也为文章增添了一道余韵。

知识加油站

成语词汇

衔橛之变：指车马倾覆的危险，亦喻意外发生的事故。（选自文句："且夫清道而后行，中路而驰，犹时有衔橛之变……"）

家累千金，坐不垂堂：指家财富有的人常自珍爱，不自蹈险地。（选自文句："故鄙谚曰：'家累千金，坐不垂堂。'此言虽小，可以喻大。"）

诫兄子严敦书
jiè xiōng zǐ yán dūn shū

汉 马援

作者档案

马援（前14年～49年），字文渊，东汉初扶风茂陵（今陕西兴平东北）人。出身于官僚家庭，少有大志。新莽末年，为新城大尹（汉中太守），后归附光武帝刘秀，任伏波将军，征交趾之乱，封新息侯，后来病死军中。

yuán xiōng zǐ yán dūn bìng xǐ jī yì ér tōng qīng xiá

援兄子严、敦①，并喜讥议，而通轻侠

我的侄儿马严、马敦，都喜欢讥笑议论别人，而且好结交些轻浮的

kè yuán qián zài jiāo zhǐ huán shū jiè zhī yuē wú yù rǔ cáo

客。援前在交趾②，还书诫之曰："吾欲汝曹

侠客。我以前在交趾的时候，写信告诫他们说："我希望你们听到别人的过

wén rén guò shī　　rú wén fù mǔ zhī míng　　ěr kě dé wén　　kǒu bù kě

闻人过失，如闻父母之名，耳可得闻，口不可

失，就像听到父母的名字一样，只能是耳朵听见，不能从口中说出。喜欢议

dé yán yě　　hào yì lùn rén cháng duǎn　　wàng shì fēi zhèng fǎ　　cǐ wú

得言也。好议论人长短，妄是非正法，此吾

论别人的长短，胡乱评论国家的法度，这是我最厌恶的，我宁愿死也不愿听

suǒ dà wù yě　　nìng sǐ bú yuàn wén zǐ sūn yǒu cǐ xíng yě　　rǔ cáo zhī

所大恶也，宁死不愿闻子孙有此行也。汝曹知

到自己的子孙有这种行为。你们知道我对这种行为最是厌恶了，今天之所以

wú wù zhī shèn yǐ　　suǒ yǐ fù yán zhě　　shī jīn jié lí　　shēn fù

吾恶之甚矣，所以复言者，施衿结缡③，申父

又对你们讲起这些，就像女儿出嫁时，父母亲手给她系上佩巾、佩带，重申

mǔ zhī jiè　　yù shǐ rǔ cáo bú wàng zhī ěr

母之戒，欲使汝曹不忘之耳。

训诫一样，是让你们不要忘记罢了。

①严：马严，字威卿。敦：马敦，字孺卿。②交趾：郡名，在今越南北部。③施衿结缡：系上衣服，披上围巾。

lóng bó gāo　　dūn hòu zhōu shèn　　kǒu wú zé yán　　qiān yuē jié

"龙伯高①敦厚周慎，口无择言，谦约节

"龙伯高为人敦厚，办事周密谨慎，说话没有让人可指摘的，

jiǎn　　lián gōng yǒu wēi　　wú ài zhī zhòng zhī　　yuàn rǔ cáo xiào zhī

俭，廉公有威。吾爱之重之，愿汝曹效之。

谦逊节俭，廉洁奉公而有威严。我爱戴他敬重他，希望你们向他学习。

dù jì liáng háo xiá hào yì　　yōu rén zhī yōu　　lè rén zhī lè　　qīng zhuó

杜季良豪侠好义，忧人之忧，乐人之乐，清浊

杜季良为人豪放，很讲义气，忧别人所忧，乐别人所乐，什么样的人

wú suǒ shī　　　fù sāng zhì kè　　　shù jùn bì zhì　　 wú ài zhī zhòng zhī
无所失，父丧致客，数郡毕至。吾爱之重之，

他都不疏远，他在为父亲办丧事时，邀请宾客前来，几个郡的人都赶

bú yuàn rǔ cáo xiào yě　　　 xiào bó gāo bù dé　　　yóu wéi jǐn chì ② zhī
不愿汝曹效也。效伯高不得，犹为谨敕②之

来了。我爱戴他尊重他，却不希望你们学习他。学龙伯高不成，还可

shì　　 suǒ wèi　　　kè hú　　bù chéng shàng lèi wù　　zhě yě　　　xiào jì
士，所谓‘刻鹄③不成尚类鹜’者也；效季

以做一个谨慎的人，也就是所谓‘刻天鹅不成尚且还像野鸭’；学杜

liáng bù dé　　　xiàn wéi tiān xià qīng bó zǐ　　　suǒ wèi　　　huà hǔ bù chéng
良不得，陷为天下轻薄子，所谓‘画虎不成

季良不成，就会堕落成为世上的轻薄子弟，就是所谓‘画虎不成却像

fǎn lèi gǒu　　 zhě yě　　 qì jīn　　　 jì liáng shàng wèi kě zhī　　 jùn jiàng ④
反类狗’者也。讫今，季良尚未可知，郡将④

狗了’。到今天，杜季良前途凶吉还不得而知，新来的郡守一到任便

xià chē zhé qiè chǐ　　　zhōu jùn yǐ wéi yán　　　wú cháng wèi hán xīn　　 shì yǐ
下车辄切齿，州郡以为言，吾常为寒心，是以

对他十分痛恨，州郡官员把这些事情说给我听，我常为他寒心，所以

bú yuàn zǐ sūn xiào yě
不愿子孙效也。”

不希望我的子孙学习他。”

①龙伯高：名述，东汉京兆人。②谨敕：谨慎。③鹄：天鹅。
④郡将：即郡守。

深入浅出读古文

西汉将军马援的侄子马严、马敦喜欢议论他人的短处，而且好跟游侠之士交往，还经常批评时政。马援对两位侄子很担心，于是在南征交趾时抽空给他们写了一封家书。在信中，马援告诫侄子做人须低调谦虚，不要妄评讥议。此信可谓语重心长，字字都寄托着对侄子的关切之情。

本篇共分两段。首段告诫侄子不要妄论他人长短，他把听别人长短比作听父母的名字，说明可以听但不可以议论的道理。第二段以龙伯高的敦厚谦让及杜季良的"忧人之忧，乐人之乐"，勉励侄子，这既是例举，又是反衬，从中可见马援的良苦用心。多处运用比喻的修辞手法，如"刻鹄不成尚类鹜""画虎不成反类狗"，比喻自然生动，情真意挚，极富感染力。

知识加油站

虮虱无依

有一次，马援在寻阳平乱，曾上表给皇帝，其中有这样的话："破贼须灭巢，除掉山林竹木，敌人就没有藏身之地了。好比小孩头上生了虮虱，剃一个光头，虮虱也就无所依附了。"光武帝览书后，觉得马援这办法、这比喻，都堪称绝妙，赞叹之余，来了个当场运用，下令把宫中小黄门头上有虱子的，一律剃成了光头。

qián chū shī biǎo
前 出 师 表

三国 诸葛亮

作者档案

诸葛亮（181年—234年），字孔明，琅琊阳都（今山东沂南）人，因隐居于南阳隆中（在今湖北襄阳西），号称"卧龙"。得刘备三顾茅庐，后辅佐其建立了蜀国。刘备死后，刘禅继位，封诸葛亮为武乡侯，领益州牧。诸葛亮励精图治，东联孙吴，北伐曹魏，后病死于五丈原。

chén liàng yán　　xiān dì chuàng yè wèi bàn ér zhōng dào bēng cú
臣 亮 言：先 帝 创 业 未 半 而 中 道 崩 殂 ①。

臣诸葛亮上表进言：先帝创建大业未到一半而中途去世。现在天下

jīn tiān xià sān fēn　　　yì zhōu pí bì　　　cǐ chéng wēi jí cún wáng zhī
今 天 下 三 分，益 州 疲 弊 ②，此 诚 危 急 存 亡 之

三分，而益州地区最为困苦凋敝，这正是国家存亡的危急时刻。然而，朝中

秋也。然侍卫之臣不懈于内③，忠志之士忘身

侍卫大臣丝毫不放松懈怠，忠诚有志的将士在外舍身忘死，这是因为他们追

于外者，盖追先帝之殊遇，欲报之于陛下也。

念先帝对他们有不同一般的恩德，想对陛下有所报答啊。陛下实在应当广开

诚宜开张圣听，以光先帝遗德，恢宏④志

言路，光大先帝的遗德，使忠臣志士的精神得以振奋，不应该随便看轻自己，

士之气，不宜妄自菲薄⑤，引喻失义，以塞忠

引用不适宜的比喻，从而堵塞了忠臣进言规劝的道路啊。内廷和外廷是一个

谏之路也。宫中府中，俱为一体，陟罚臧否⑥，

整体，奖善罚恶，不应该有所不同。如果有做奸邪之事、触犯法纪的人，以

不宜异同。若有作奸犯科及为忠善者，宜付

及那些尽忠行善的人，应当交给主管部门评判他们应得的惩罚和奖赏，来表

有司⑦论其刑赏，以昭陛下平明之治，不宜偏

明陛下公正严明的治理方针，切不可有所偏袒，使得内廷外府法度不一。

私，使内外异法也。

① 先帝：指刘备。殂：死亡。② 疲弊：困苦凋敝。③ 内：朝廷。
④ 恢宏：振奋。⑤ 妄自菲薄：看轻自身价值。⑥ 陟：奖赏。臧：
善。否：恶。⑦ 有司：专门管理某类事情的人。

侍中、侍郎① 郭攸之、费祎、董允等，此
侍中、侍郎郭攸之、费祎、董允等人，都是贤良而且诚实的人，

皆良实，志虑忠纯，是以先帝简拔以遗陛下。
他们的志向思想忠诚纯正，因此先帝把他们选拔出来留给陛下。臣认为

愚以为宫中之事，事无大小，悉以咨之，然
宫廷里的事务，事不论大小，都应当先向他们咨询，然后施行，那就一

后施行，必能裨补阙漏②，有所广益。将军
定能弥补缺漏，收到较好的效果。将军向宠，性格和善，办事公正，精

向宠，性行淑均，晓畅军事，试用于昔日，
通军事，从前任用他的时候，先帝称赞他有才能，因此大家商议举荐他

先帝称之曰能，是以众议举宠以为督。愚以
做中部督。臣认为军中的事，都应该向他咨询，这样一定能使军中将士

为营中之事，事无大小，悉以咨之，必能使
和睦相处，使不同的人能够各得其所。亲近贤臣，疏远小人，这是西汉

行阵和睦，优劣得所也。亲贤臣，远小人，此
兴盛的原因；亲近小人，疏远贤臣，这是东汉颓败的原因。先帝在世时，

先汉所以兴隆也；亲小人，远贤臣，此后汉所
每次和臣谈论此事，没有一次不对桓、灵二帝表示遗憾、痛恨。侍中（郭

以倾颓也。先帝在时，每与臣论此事，未尝
攸之、费祎）、尚书（陈震）、长史（张裔）、参军（蒋琬），这些人

bú tàn xī tòng hèn yú huán　　líng yě　　shì zhōng　shàng shū　zhǎng shǐ

不叹息痛恨于桓、灵也。侍中、尚书、长史、

都是坚贞贤能、能以死殉节的忠臣，希望陛下亲近他们，信任他们，那

cān jūn③　　cǐ xī zhēn liàng sǐ jié zhī chén　　yuàn bì xià qīn zhī xìn

参军③，此悉贞亮死节之臣，愿陛下亲之信

么汉家的兴盛就指日可待了。

zhī　　zé hàn shì zhī lóng　　kě jì rì ér dài yě

之，则汉室之隆，可计日而待也。

①侍中：宫廷里应对顾问、往来奏事的官。侍郎：宫廷的近侍。

②裨：补。阙：缺点。③尚书：协助君主处理政事的官。长史：设于

丞相、三公府中，行其辅佐的职务。参军：中国古代诸王及将帅的幕僚。

chén běn bù yī　　gōng gēng yú nán yáng　　gǒu quán xìng mìng yú luàn

臣本布衣，躬耕于南阳，苟全性命于乱

臣本来是个平民百姓，在南阳耕田种地，只想在乱世中苟且保

shì　　bù qiú wén dá yú zhū hóu　　xiān dì bù yǐ chén bēi bǐ　　wěi

世，不求闻达于诸侯。先帝不以臣卑鄙，猥

全性命，不奢望在诸侯中间显身扬名。先帝不认为我地位低微、学识

zì wǎng qū　　sān gù chén yú cǎo lú zhī zhōng　　zī chén yǐ dāng shì zhī

自枉屈，三顾臣于草庐之中，咨臣以当世之

浅陋，自己降低身份，三次亲自到草庐中来拜访，咨询臣对当今天下

shì　　yóu shì gǎn jī　　suì xǔ xiān dì yǐ qū chí　　hòu zhí qīng fù①

事，由是感激，遂许先帝以驱驰。后值倾覆①，

大事的看法，臣深为感动，于是答应为先帝奔走效劳。后来遭逢战败，

shòu rèn yú bài jūn zhī jì　　fèng mìng yú wēi nàn zhī jiān　　ěr lái èr shí

受任于败军之际，奉命于危难之间，尔来二十

臣受任于战事失败之际，奉命于形势危急之中，到现在已经二十一年了。

yǒu yì nián yǐ　xiān dì zhī chén jǐn shèn　gù lín bēng jì chén yǐ dà
有一年矣。先帝知臣谨慎，故临崩寄臣以大
先帝知道臣做事谨慎小心，所以临终之时把国家大事托付给臣。臣自

shì yě　shòu mìng yǐ lái　sù yè ② yōu tàn　kǒng tuō fù bú xiào
事也。受命以来，夙夜②忧叹，恐托付不效，
从接受了先帝的遗命以来，早晚忧虑叹息，唯恐完不成先帝的托付，

yǐ shāng xiān dì zhī míng　gù wǔ yuè dù lú　shēn rù bù máo ③　jīn
以伤先帝之明，故五月渡泸，深入不毛③。今
因而损害了先帝的英明，所以在五月率兵渡过泸水，深入到草木不生

nán fāng yǐ dìng　bīng jiǎ yǐ zú　dāng jiǎng shuài sān jūn　běi dìng zhōng
南方已定，兵甲已足，当奖帅三军，北定中
的荒凉地带。现在南方已然平定，武器装备已经充足，应当鼓励并率

yuán　shù jié nú dùn ④　ràng chú ⑤ jiān xiōng　xīng fù hàn shì　huán
原，庶竭驽钝④，攘除⑤奸凶，兴复汉室，还
领三军进兵北方，平定中原；臣也会竭尽自己愚钝的才能，铲除邪恶

yú jiù dū ⑥　cǐ chén zhī suǒ yǐ bào xiān dì ér zhōng bì xià zhī zhí fèn
于旧都⑥。此臣之所以报先帝而忠陛下之职分
势力，复兴汉室，迁回到故都去。这就是臣用来报答先帝、效忠陛下

yě　zhì yú zhēn zhuó sǔn yì　jìn jìn zhōng yán　zé yōu zhī　yī
也。至于斟酌损益，进尽忠言，则攸之、祎、
所应尽的分内之事啊。至于权衡利弊得失，进献忠言，那就是郭攸之、

yǔn zhī rèn yě
允之任也。
费祎、董允等人的职责了。

yuàn bì xià tuō chén yǐ tǎo zéi xīng fù zhī xiào　bú xiào　zé
愿陛下托臣以讨贼兴复之效，不效，则
希望陛下将讨伐奸贼、复兴汉室的使命交付于臣，如果臣没有完成

zhì chén zhī zuì　yǐ gào xiān dì zhī líng　ruò wú xīng dé zhī yán
治臣之罪，以告先帝之灵。若无兴德之言，
那就治臣的罪，以告先帝的英灵。如果没有劝勉陛下发扬圣德的进言，那就

则责攸之、祎、允之慢，以彰其咎。陛下亦

责罚郭攸之、费祎、董允等人的过错，公布他们的过失。陛下也应当自己谋

宜自谋，以咨诹⑦善道，察纳雅言，深追先帝

划，征求治国的好办法，审察采纳正确的意见，深切地追念先帝的遗训。臣

遗诏，臣不胜受恩感激。今当远离，临表涕

受恩感激不尽。现在就要离开陛下远行了，臣流着眼泪写完了这篇奏表，都

泣，不知所云。

不知道要说些什么。

①倾覆：战败。②夙夜：朝夕，日夜。③不毛：不长草木的荒凉地方。
④庶：但愿。驽钝：才能低下。⑤攘除：除掉，清除。 ⑥旧都：
这里指两汉国都长安和洛阳。"还于旧都"指平定曹魏，改变偏
安的局面。⑦咨诹：询问。

深入浅出读古文

公元 227 年，蜀国丞相诸葛亮在汉中集结军马，准备北伐。临行前，他向后主刘禅上了一份奏章，就是这篇《前出师表》。诸葛亮在文中告诫刘禅要广开言路，近贤臣远小人，以"收复汉室，还于旧都"，表达了自己忠于汉室、心怀天下。

此文开篇便点明蜀汉所处的形势，即"危急存亡之秋也"，目的是让后主产生危机感。诸葛亮以忧患开篇，便让后主别无选择了，下面的"开张圣听"以及举荐贤才等建议，后主也就能顺理成章地接纳了。诸葛亮回忆南阳之事，在于表达对先帝刘备的感恩之情及辅佐后主成就大业的决心。开头语境险峻，越到后来，越显气势恢宏，结尾处又趋平缓。此篇前后节奏充满变化，皆因诸葛亮情真意挚之故。精忠之言，诚恳之意，溢于言外。

知识加油站

三顾茅庐

汉末，当时屯兵新野的刘备，听说南阳卧龙岗有个奇才叫诸葛亮，便决定亲自拜访。刘备、关羽和张飞第一次去，诸葛亮出游去了；他们第二次去时，得知诸葛亮被朋友邀请走了；刘备等人第三次冒着严寒到卧龙岗，才见到了诸葛亮。诸葛亮为刘备的诚心所感动，不仅分析了当时的天下大势，还决定出山辅佐刘备。

后出师表

hòu chū shī biǎo

三国 诸葛亮

xiān dì lù hàn zéi bù liǎng lì wáng yè bù piān ān gù tuō
先帝虑汉、贼不两立，王业不偏安，故托
先帝考虑到汉室和篡汉的奸贼不能同时存在，帝王的事业不能偏安

chén yǐ tǎo zéi yě yǐ xiān dì zhī míng liáng chén zhī cái gù zhī chén
臣以讨贼也。以先帝之明，量臣之才，固知臣
于一隅，所以托付臣讨伐奸贼。凭先帝的英明，揣度臣的才干，原本就知道

fá zéi cái ruò dí qiáng yě rán bù fá zéi wáng yè yì wáng wéi
伐贼，才弱敌强也。然不伐贼，王业亦亡，惟
臣率兵讨贼，是臣的才能薄弱而敌人强大啊。但是不去征伐，帝王的事业也

zuò ér dài wáng shú yǔ fá zhī shì gù tuō chén ér fú yí yě chén
坐而待亡，孰与伐之？是故托臣而弗疑也。臣
会毁灭，与其坐以待毙，何不去讨伐他们呢？因此，先帝毫无顾虑地把讨贼

shòu mìng zhī rì qǐn bù ān xí shí bù gān wèi sī wéi běi zhēng
受命之日，寝不安席，食不甘味，思惟北征①，
兴汉的大任托付给臣了。臣自受命的那天起，就每日睡不安稳，食不知味，

yí xiān rù nán gù wǔ yuè dù lú shēn rù bù máo bìng rì ér
宜先入南②。故五月渡泸，深入不毛，并日而
思虑着要北伐中原，应该先平定南方。所以五月率兵渡过泸水，深入草木不

82

shí chén fēi bú zì xī yě　　　　gù wáng yè bù kě piān ān yú shǔ dū
食。臣非不自惜也，顾王业不可偏安于蜀都，
生的荒凉地带，两天才吃一顿饭。臣并非不知爱惜自己，但想到王业不能偏

gù mào wēi nàn　　yǐ fèng xiān dì zhī yí yì　　ér yì zhě wèi wéi fēi jì
故冒危难，以奉先帝之遗意，而议者谓为非计③。
安于蜀地，所以冒着艰难险阻奉行先帝的遗愿，而有议论朝政的人却说这并

jīn zéi shì pí yú xī　　yòu wù yú dōng　bīng fǎ chéng láo　　cǐ jìn
今贼适疲于西，又务于东，兵法乘劳④，此进
非上计。如今曹贼正在西方疲于奔命，又忙着应付东方的战事，兵法说打击

qū zhī shí yě　　jǐn chén qí shì rú zuǒ
趋之时也。谨陈其事如左⑤：
敌人就要趁他疲劳之时，现在正是打击的好时机。现在臣把讨贼的事恭敬地

陈述如下：

①征：讨伐。②南：益州南部的诸郡。③非计：不是上策。④乘：
趁机。劳：劳顿。⑤如左：如下，古代书写从右往左。

gāo dì míng bìng rì yuè　　móu chén yuān shēn　　rán shè xiǎn bèi chuāng
高帝明并日月，谋臣渊深，然涉险被创，
高祖皇帝的英明可与日月相比，周围的谋臣智略深远，但仍然是经

wēi rán hòu ān　　jīn bì xià wèi jí gāo dì　　móu chén bù rú liáng
危然后安。今陛下未及高帝，谋臣不如良、
历艰险、身受创伤、渡过危难之后才得到平安。如今陛下不及高祖皇帝，身

píng　　ér yù yǐ cháng cè qǔ shèng　　zuò dìng tiān xià　　cǐ chén zhī wèi
平①，而欲以长策取胜，坐定天下，此臣之未
边的谋臣比不上张良、陈平，而想用长久与敌对峙的策略取得胜利，安稳地

jiě yī yě
解一也。
平定天下，这是臣不能理解的第一点。

刘繇、王朗②，各据州郡，论安言计，动
刘繇、王朗各自据州郡，空谈安危之道，言说计策谋略，动不动就

引圣人，群疑满腹，众难塞胸；今岁不战，明
引用圣人的话，大家肚子里满是疑问，众多的难题都积在胸中，今年不作战，

年不征，使孙策坐大，遂并江东，此臣之未解
明年不出征，结果使孙策没有任何干扰地强大起来，吞并了江东土地，这是

二也。
臣不能理解的第二点。

曹操智计，殊绝于人，其用兵也，仿佛
曹操的智谋心计，超越常人。他在用兵方面，能与古代的孙膑、吴

孙、吴，然困于南阳，险于乌巢③，危于祁
起相提并论，然而还曾被困于南阳，遇险于乌巢，遭受危难于祁山，在黎阳

连，逼于黎阳④，几败北山⑤，殆死潼关⑥，
受到逼迫，几乎战败于北山，差点丧命在潼关，然后才取得了暂时的安定。

然后伪定一时尔。况臣才弱，而欲以不危而定
何况像臣这样才疏学浅，而想要不冒危难就安定天下，这是臣不能理解的第

之，此臣之未解三也。
三点。

曹操五攻昌霸⑦不下，四越巢湖不成⑧。
曹操曾五次攻打昌霸而未能取胜，四次越过巢湖攻打孙吴而未能成

84

rèn yòng lǐ fú ér lǐ fú tú zhī　　wěi rèn xià hóu ér xià hóu bài

任用李服而李服图之，委任夏侯而夏侯⑨败

功。任用李服，李服却图谋害他；委任夏侯渊，夏侯渊却落得个战败身亡。

wáng　　xiān dì měi chēng cāo wéi néng　　yóu yǒu cǐ shī　　kuàng chén nú

亡。先帝每称操为能，犹有此失，况臣驽

先帝经常称赞曹操是个有才能的人，他尚且有这些失误，何况臣才能低下，

xià　　hé néng bì shèng　　cǐ chén zhī wèi jiě sì yě

下，何能必胜？此臣之未解四也。

又怎能保证一定会胜利呢？这是臣不能理解的第四点。

zì chén dào hàn zhōng　　zhōng jiàn jī nián ěr　　rán sàng zhào yún

自臣到汉中，中间期年耳，然丧赵云、

自从臣来到汉中，不过才一年，但是这期间死了赵云、阳

yáng qún　　mǎ yù　　yán zhī　　dīng lì　　bái shòu　　liú hé　　dèng tóng

阳群、马玉、阎芝、丁立、白寿、刘郃、邓铜

群、马玉、阎芝、丁立、白寿、刘郃、邓铜及部曲将官、屯兵将

děng　　jí qū zhǎng　　tún jiàng⑩ qī shí yú rén　　tū jiàng wú qián　　cóng

等，及曲长、屯将⑩七十余人，突将无前；賨

官等七十余人，都是冲锋陷阵、所向无前的勇士；还丧失了賨叟、

sǒu　　qīng qiāng⑪ sàn qí　　wǔ qí yì qiān yú rén　　cǐ jiē shù shí nián

叟、青羌⑪散骑、武骑一千余人。此皆数十年

青羌等族的散骑、武骑一千多人。这些都是几十年间从四方召集

zhī nèi suǒ jiū hé sì fāng zhī jīng ruì　　fēi yì zhōu zhī suǒ yǒu　　ruò fù

之内所纠合四方之精锐，非一州之所有。若复

来的精锐，不是益州一州所能有的。如果再经过几年，就会减损

shù nián　　zé sǔn sān fēn zhī èr yě　　dāng hé yǐ tú dí　　cǐ chén zhī

数年，则损三分之二也，当何以图敌？此臣之

三分之二的兵力了，到那时还拿什么来对付敌人呢？这是臣不能

wèi jiě wǔ yě

未解五也。

理解的第五点。

jīn mín qióng bīng pí　　ér shì bù kě xī　　shì bù kě xī
今民穷兵疲，而事不可息。事不可息，
如今人民穷困，士兵疲惫，而战事却不能停止。战事不能停止，那

zé zhù yǔ xíng　　láo fèi zhèngděng　　ér bù jí jīn tú zhī　　yù yǐ yī
则住与行，劳费正等。而不及今图之，欲以一
么坐着等待敌人的进攻和主动出击，所消耗的劳力和费用是相等的。不趁早

zhōu zhī dì　　yǔ zéi chí jiǔ　　cǐ chén zhī wèi jiě liù yě
州之地，与贼持久，此臣之未解六也。
策划去攻打敌人，而想以一州跟贼人长久对峙，这是臣不能理解的第六点。

①良、平：指汉高祖刘邦手下著名谋士张良、陈平。②刘繇：
东汉末任扬州刺史。王朗：东汉末为会稽太守。③乌巢：地名，
今河南延津县东南。④黎阳：地名，在今河南浚县东。曹操曾在
这里征伐袁绍的儿子袁谭、袁尚，屡战不下。⑤几败北山：建安
二十四年（219年），曹操与刘备争夺汉中，运米经过北山的时候，
被赵云袭击，损失惨重。⑥殆死潼关：曹操在潼关与马超交战，
大败，被马超追赶，几乎丧命。⑦昌霸：东海昌霸。他背叛曹操，
依附刘备，曹操屡攻不克。⑧四越巢湖不成：曹操曾多次从巢湖
进攻孙权，都无功而返。⑨夏侯：曹魏大将夏侯渊。他留守汉中时，
为刘备大将黄忠所杀。⑩曲、屯：古代军队的编制单位。⑪賨叟、
青羌：都是西南地区的少数民族部队。

fú nán píng ① zhě　　shì yě　　xī xiān dì bài jūn yú chǔ ②
夫难平①者，事也。昔先帝败军于楚②，
最难预料的是战事。过去先帝在楚地战败，那时候，曹操高兴地

dāng cǐ shí　　cáo cāo fǔ ③ shǒu　　wèi tiān xià yǐ dìng　　rán hòu xiān
当此时，曹操拊③手，谓天下已定。然后先
拍手，说是天下已经平定了。可是后来先帝东面联合孙吴，西面攻取巴蜀，

dì dōng lián wú yuè
帝东连吴越 ④，西取巴蜀，举兵北征，夏侯授

举兵北伐，斩了夏侯渊的头，这是曹操没有预料到的；而当汉室大业的复

shǒu　　　cǐ cāo zhī shī jì　　　ér hàn shì jiāng chéng yě　　rán hòu wú gèng
首。此操之失计，而汉事将成也。然后吴更

兴眼看就要成功的时候，孙吴又背弃盟约，关羽战败身死，先帝在秭归挫

wéi méng　　guān yǔ huǐ bài　　zǐ guī cuō diē　　　cáo pī chēng dì　　　fán
违盟，关羽毁败，秭归蹉跌 ⑤，曹丕称帝。凡

败，曹丕篡汉称帝。一切事情就是这样难以预料。臣只有鞠躬尽瘁，死而

shì rú shì　　nán kě nì liào　　chén jū gōng jìn lì　　　sǐ ér hòu yǐ
事如是，难可逆料。臣鞠躬尽力，死而后已，

后已，至于成功或是失败，顺利还是困难，就绝不是臣的聪明才智所能够

zhì yú chéng bài lì dùn　　fēi chén zhī míng suǒ néng nì dǔ　　　yě
至于成败利钝，非臣之明所能逆睹 ⑥也。

预见的了。

①平：通"评"，评论。②败军于楚：指建安十三年（208 年），
刘备兵败古楚地当阳长坂事。③拊：拍。④东连吴越：刘备联合
孙吴共击曹操事。⑤秭归：地在今湖北。章武二年（222 年），
刘备在这里被吴军击败。蹉跌：失足跌倒。⑥逆睹：预知；预见。

———深入浅出读古文———

公元228年，曹魏与东吴在石亭交战，结果曹魏大败。诸葛亮趁机向后主刘禅上表，请求北伐。这次上呈刘禅的表，后人称之为《后出师表》。此文分析了蜀汉和魏国的敌我态势，然后提出了北伐的六大理由，表达了自己鞠躬尽瘁、誓死忠心汉室的决心。

如果说诸葛亮上《前出师表》是为了开导后主，消除他的后顾之忧，那么上《后出师表》则是为了力排众议以实现讨贼的目的，所以前后两篇表在语言风格上大不相同。《前出师表》语辞委婉，主要是以情取胜；《后出师表》则是对事理进行层层分析，并以六个"未解"的疑惑，来回击众人对北伐的非议。本文文辞质朴无华，但处处料敌机先，深谋远虑。由此可见，诸葛亮不愧为高瞻远瞩的战略家。

知识加油站

木牛流马

木牛流马，为三国时期蜀汉丞相诸葛亮发明的运输工具，分为木牛与流马。诸葛亮在北伐时使用木牛流马，其载重量为"一岁粮"——四百斤以上，每日行程为"特行者数十里，群行三十里"，为蜀汉十万大军运输粮食。

陈 情 表
chén qíng biǎo

西晋 李密

作者档案

李密（224年—287年），字令伯，本名虔。西晋犍为武阳（在今四川眉山彭山区）人。曾任蜀国尚书郎，极有辩才。晋灭蜀以后，晋武帝司马炎征他为太子洗马，推辞不就。在祖母死后，他才出仕晋朝，官至汉中太守。因赋诗得罪晋武帝而被免官，后卒于家中。

臣密言：臣以险衅①，夙②遭闵凶③。生
臣李密上言：臣因为命运坎坷，幼年便遭到不幸。出生刚六个月，

孩六月，慈父见背④。行年四岁，舅夺母志⑤。
父亲就去世了。长到四岁时，舅父强迫母亲改变了守节的志愿，令其改嫁他人。

zǔ mǔ liú mǐn　　chén gū ruò　　gōng qīn fǔ yǎng　　chén shào duō jí bìng
祖母刘愍⑥臣孤弱，躬亲抚养。臣少多疾病，
祖母刘氏怜悯臣孤苦弱小，于是亲自抚养臣。臣从小多病，九岁时还不能走路，

jiǔ suì bù xíng　　líng dīng gū kǔ　　zhì yú chéng lì　　jì wú shū bó
九岁不行，零丁孤苦，至于成立。既无叔伯，
零丁孤苦，直到长大成人。臣既没有叔伯，也没有兄弟，家门衰微，福分浅薄，

zhōng xiǎn xiōng dì　　mén shuāi zuò bó　　wǎn yǒu ér xī　　wài wú jī gōng
终鲜兄弟。门衰祚薄，晚有儿息。外无期功
很晚才有儿子。在外没有近支亲戚可以依靠，在内没有家童奴仆可以照看门

qiǎng jìn zhī qīn　　nèi wú yìng mén wǔ chǐ zhī tóng　　qióng qióng　　jié lì　　xíng
强近之亲，内无应门五尺之童，茕茕⑦孑立，形
户。臣孤零零地立身在人世，只有自己的影子和自己相伴；而祖母刘氏早就

yǐng xiāng diào　　ér liú sù yīng　　jí bìng　　cháng zài chuáng rù　　chén
影相吊。而刘夙婴⑧疾病，常在床蓐⑨。臣
疾病缠身，常年卧床不起。臣在她旁边端汤送药，从来没有停止、离开过。

shì tāng yào　　wèi cháng fèi lí
侍汤药，未尝废离。

①险衅：灾难和祸患。②夙：早。③闵凶：指不幸的事情。④见背：去世。⑤舅夺母志：指李密的舅父强迫其母改嫁。⑥愍：怜悯，哀怜。⑦茕茕：形容孤单无依靠。⑧婴：缠绕。⑨蓐：通"褥"。

dài fèng shèng cháo　　mù yù qīng huà　　qián tài shǒu chén kuí chá chén
逮奉圣朝，沐浴清化。前太守臣逵察臣
到了如今的圣朝，臣受着清明政治教化的熏陶。先是太守逵察举臣

xiào lián　　hòu cì shǐ　　chén róng jǔ chén xiù cái　　chén yǐ gōng yǎng wú
孝廉①；后刺史②臣荣举臣秀才。臣以供养无
为孝廉；后是刺史荣推举臣为秀才。臣因为祖母无人供养，因此都推辞而没

主，辞不赴命。诏书特下，拜臣郎中，寻蒙国
有受命。陛下特地下达诏书，任命臣为郎中，不久又承蒙国家恩典，授予臣

恩，除臣洗马③。猥④以微贱，当侍东宫，非
太子洗马的职位。凭臣这样微贱的人，担当侍奉太子的官职，这种恩德不是

臣陨首所能上报。臣具以表闻，辞不就职。
臣肝脑涂地就能报答的。臣曾将自己的处境上表陈述过，辞谢不去就职。如

诏书切峻，责臣逋慢⑤；郡县逼迫，催臣上
今诏书又下，急切严厉，责备臣有意回避拖延；郡县上的官员前来催臣动身

道；州司⑥临门，急于星火。臣欲奉诏奔驰，
上路；州官来到臣的家里催促，比流星坠落还急。臣想要奉诏赶去赴任，但

则以刘病日笃⑦，欲苟顺私情，则告诉不许。
刘氏的病情一天比一天严重；臣想要苟且迁就私情，但申诉又得不到准许。

臣之进退，实为狼狈。
臣的处境，实在是狼狈啊。

①孝廉：汉代选拔官吏的科目。孝：指孝顺。廉：指品行廉洁。
②刺史：州长官。③洗马：太子的属官。④猥：鄙，谦词。⑤逋慢：
逃避、怠慢。⑥州司：州官。⑦笃：沉重。

伏惟①圣朝以孝治天下，凡在故老，犹
臣认为，圣明的朝代是以孝道治理天下的，所有在世的遗老，尚且

蒙矜育②。况臣孤苦，特为尤甚。且臣少事伪

蒙受怜恤抚养，何况臣孤苦无依的情况，又尤为严重。而且臣年轻时曾在蜀

朝，历职郎署③，本图宦达，不矜名节。今臣

汉任职，做过尚书郎等职位，臣本来就想仕途获得显达，并不在乎什么名节。

亡国贱俘，至微至陋，过蒙拔擢④，宠命优

如今，臣是亡国的俘虏，是最卑微最鄙陋的，却蒙受主上的破格提拔，恩宠

渥⑤，岂敢盘桓⑥，有所希冀？但以刘日薄西

十分优厚，臣哪里还敢徘徊不前，有非分的要求呢？只因为刘氏已是日薄西

山，气息奄奄，人命危浅，朝不虑夕。臣无祖

山，气息微弱，生命垂危，处于朝不保夕的境地。没有祖母，臣就不能活到

母，无以至今日，祖母无臣，无以终余年。母

今日；没有臣，祖母就无法度完余年。我们祖孙二人，相依为命，正是由于

孙二人，更相为命，是以区区不能废远。臣密

这种发自内心的感情使我不能弃养、远离祖母。臣李密今年四十四岁，祖母

今年四十有四，祖母刘今年九十有六，是臣尽

刘氏九十六岁，这样看来，臣今后为陛下尽忠的日子还很长，而报答刘氏的

节于陛下之日长，报刘之日短也。乌鸟私情⑦，

日子却很短了。我怀着像乌鸦反哺一样的私情，乞求陛下让臣为祖母养老送

愿乞终养。

终。

①伏惟：是下对上的谦敬之词，多用于奏章、书信。②矜育：怜恤，抚养。③郎署：李密曾在蜀汉做过尚书郎。④拔擢：提拔。⑤宠命：恩命。优渥：优厚。⑥盘桓：徘徊犹豫。⑦乌鸟私情：传说乌鸦能反哺，这里比喻侍奉尊亲的孝心。

chén zhī xīn kǔ　　　　fēi dú shǔ zhī rén shì jí　 èr zhōu mù bó suǒ
臣之辛苦，非独蜀之人士及二州牧伯所
臣辛酸苦楚的身世，不单是为蜀地人士和两州长官所看到和了解，

jiàn míng zhī　　huáng tiān hòu tǔ　　shí suǒ gòng jiàn　　yuàn bì xià jīn mǐn
见明知，皇天后土，实所共鉴。愿陛下矜愍
着实是天地神明所共同见证的。希望陛下怜悯臣的一点愚诚，满足臣的一点

yú chéng　　tīng chén wēi zhì　　shù liú jiǎo xìng　　zú bǎo yú nián　　chén
愚诚，听臣微志，庶刘侥幸，卒保余年。臣
微薄心愿，或许祖母刘氏能侥幸平安寿终，臣活着当誓死尽忠，死后也当结

shēng dāng yǔn shǒu　　　sǐ dāng jié cǎo　　　chén bú shèng quǎn mǎ bù jù zhī
生当陨首，死当结草①。**臣不胜犬马怖惧之**
草报德。臣怀着如同犬马一样恐惧的心情，恭恭敬敬地上表奏报陛下。

qíng　　jǐn bài biǎo yǐ wén
情，谨拜表以闻。

①死当结草：春秋时，晋大夫魏颗没有遵照父亲魏武子的遗嘱将他的宠妾殉葬，而是将其改嫁了出去。后来魏颗与秦将杜回交战，见一老人用草绳将杜回绊倒，魏颗因而捉住了杜回。夜间，魏颗梦见老人，老人自称是魏武子宠妾的父亲，特来报恩。

深入浅出读古文

晋武帝征召蜀汉旧臣李密为太子洗马，李密不愿应召，于是写下这篇表文。在表文中，李密围绕"尽孝"陈述不能应召的苦衷，请求不仕而为祖母养老送终。全文叙述委婉，言语恳切，晋武帝看后很受感动，于是答应了他的请求。

此文满篇都是真情，都是李密自肺腑发出的声音。首段写作者身世悲苦，自小与祖母相依为命，此情可怜；次段写朝廷命自己赴京任职，但自己实在有不得已的苦衷，此情可悯；三段写刘氏日薄西山，李密身为孙子请求尽一份孝心，此情可嘉。言由情出，情自心发，李密至诚至孝的请求，谁又能拒绝呢？

知识加油站

成语词汇

茕茕子立：指孤独无依的样子，形容无依无靠，非常孤单。（选自文句："外无期功强近之亲，内无应门五尺之童，茕茕子立，形影相吊。"）

日薄西山：原义是太阳已经接近西边的山。比喻人已经衰老或事物衰败腐朽，临近死亡。（选自文句："但以刘日薄西山，气息奄奄，人命危浅，朝不虑夕。"）

谏太宗十思疏
jiàn tài zōng shí sī shū

唐 魏徵

作者档案

魏徵（580年—643年），字玄成，钜鹿郡（一说在今河北省巨鹿县，一说在今河北省馆陶县）人。隋末参加李密的起义军，失败后归唐。先辅佐太子李建成，"玄武门之变"后成为唐太宗李世民的重要辅臣。为人有胆识，直言敢谏，以"诤臣"著称于世。他是唐朝初年杰出的政治家和历史学家。

臣闻求木之长者，必固其根本①；欲流之
chén wén qiú mù zhī zhǎng zhě　bì gù qí gēn běn　yù liú zhī
臣听说，要想树木长得高大，就一定要使它的根牢固；想要河水流

远者，必浚②其泉源；思国之安者，必积其德
yuǎn zhě　bì jùn　qí quányuán　sī guó zhī ān zhě　bì jī qí dé
得长远，就一定要疏通它的源头；想要国家安定，就一定要积聚自己的道德

97

义。源不深而望流之远，根不固而求木之长，
仁义。水源不深却希望水流得长远，根基不牢固却想要树木长得高大，道德

德不厚而思国之安，臣虽下愚，知其不可，而
不深厚却期望国家能够安定，臣虽然十分愚笨，也知道那是不可能的，更何

况于明哲③乎？人君当神器④之重，居域中⑤
况英明聪慧的人呢！国君承担着统治天下的重任，是威照四方的至尊，不想

之大，不念居安思危，戒奢以俭，斯亦⑥伐根
着要居安思危，戒除奢侈而力行节俭，这就像砍断树根却想要树木长得茂盛、

以求木茂，塞源而欲流长也。
堵塞泉源却希望水能流得长远一样啊！

①根本：植物的根干。②浚：疏通，挖深。③明哲：明智的人。
这里指的是唐太宗。④神器：指帝位。⑤域中：指天地之间。
⑥斯亦：这也是。

凡昔元首①，承天景命②，善始者实繁，
凡是古代君主，承受上天大命，开始做得好的确实很多，但是能够

克终者盖寡。岂取之易，守之难乎？盖在殷
坚持到最后的却很少。难道是取天下易，守天下难吗？大概是他们在忧惠深

忧③，必竭诚以待下；既得志，则纵情以傲
重的创业阶段，必然竭尽诚意对待臣民；一旦得志，便放纵情欲，傲视他人。

物。竭诚，则吴、越为一体；傲物，则骨肉为
wù jié chéng zé wú yuè wéi yì tǐ　ào wù　zé gǔ ròu wéi

竭尽诚意，那么像吴、越那样世代为敌的国家也可以成为一体；傲视他人，

行路。虽董④之以严刑，振⑤之以威怒，终苟
xíng lù　suī dǒng　zhī yǐ yán xíng　zhèn　zhī yǐ wēi nù　zhōng gǒu

骨肉至亲也会疏远得像路人一样。即使用严酷的刑罚监督，用雷霆之怒震慑，

免而不怀仁，貌恭而不心服。怨不在大，可畏
miǎn ér bù huái rén　mào gōng ér bù xīn fú　yuàn bú zài dà　kě wèi

最后人们就会只求免除刑罚，不会感念君王恩德，表面上态度恭顺，心里并

惟人。载舟覆舟⑥，所宜深慎。
wéi rén　zài zhōu fù zhōu　suǒ yí shēn shèn

不服气。怨恨不在大小，可怕的是百姓的力量。水能承载舟船，也能颠覆舟
船的道理，陛下真是应该谨慎对待啊。

①元首：这里指帝王。②景命：大命。③殷忧：深深的忧虑。④董：
监督。⑤振：通"震"，震慑。⑥载舟覆舟：这里比喻百姓能拥
戴皇帝，也能推翻他的统治。

诚能见可欲①，则思知足以自戒；将有
chéng néng jiàn kě yù　zé sī zhī zú yǐ zì jiè　jiāng yǒu

假如真能做到看见心爱的东西，就想到知足以警戒自己；要大兴土

作，则思知止以安人；念高危②，则思谦冲而
zuò　zé sī zhī zhǐ yǐ ān rén　niàn gāo wēi　zé sī qiān chōng ér

木，就想到要适可而止以使百姓安宁；思虑到身居高位会招致危险，就想到

自牧③；惧满盈，则思江海下百川；乐盘游④，
zì mù　jù mǎn yíng　zé sī jiāng hǎi xià bǎi chuān　lè pán yóu

要谦虚平和，加强自我修养；害怕骄傲自满，就想到江海处于众多河流下游；

则思三驱以为度；忧懈怠，则思慎始而敬终
zé sī sān qū yǐ wéi dù　yōu xiè dài　zé sī shèn shǐ ér jìng zhōng

喜欢打猎游乐，就想到应用三面而留一面给它们逃生；担心意志懈怠，就想

lù yōng ⑤ bì　　zé sī xū xīn yǐ nà xià　jù chán xié　　zé sī
虑壅⑤蔽，则思虚心以纳下；惧谗邪，则思
到做事要谨慎开始、结束；担心会受蒙蔽，就想到虚心接纳意见；害怕被谗

zhèngshēn yǐ chù è　　ēn suǒ jiā　　zé sī wú yīn xǐ yǐ miù shǎng
正身以黜⑥恶；恩所加，则思无因喜以谬赏；
佞奸邪所迷惑，就想到端正自身以斥退邪恶小人；加恩于人时，就想到不能

fá suǒ jí　　zé sī wú yǐ nù ér làn xíng　zǒng cǐ shí sī　hóng zī
罚所及，则思无以怒而滥刑。总此十思，宏兹
因一时高兴而赏赐不当；施行刑罚时，就想到不要因发怒而滥施刑罚。履行

jiǔ dé　　jiǎn néng ér rèn zhī　　zé shàn ér cóng zhī　zé zhì zhě jìn qí
九德。简能而任之，择善而从之；则智者尽其
上述十个方面，弘扬那九种美德，选拔贤能的人任用，选择正确的意见听从；

móu　yǒng zhě jié qí lì　　rén zhě bō qí huì　xìn zhě xiào qí zhōng
谋，勇者竭其力，仁者播其惠，信者效其忠。
那么，聪明的人就会献出他们的智谋，勇敢的人就会竭尽气力，仁爱的人就

wén wǔ bìng yòng　chuí gǒng ⑦ ér zhì　hé bì láo shén kǔ sī　dài bǎi
文武并用，垂拱⑦而治。何必劳神苦思，代百
会广施恩惠，诚信的人就会奉献忠诚。这样文武并重，就可以垂衣拱手，无

sī zhī zhí yì zāi
司之职役哉？
为而治了。何必劳神费力，代行百官的职责事务呢？

①见可欲：见到能引起（自己）喜好的东西。②念高危：想到帝位高高在上。危：高。③冲：谦和。牧：约束。④盘游：打猎取乐。⑤壅：堵塞。⑥黜：排斥。⑦垂拱：指无为而治。

---深入浅出读古文---

本文是魏徵于贞观十一年（637年）所写的一篇奏议，主要是针对唐太宗晚年逐渐趋于骄奢享乐的情况而写的。文中提醒唐太宗应当"居安思危，戒奢以俭"，并具体提出了皇帝应经常思考的十个问题。唐太宗看过后深受触动，于是亲自写下诏书承认自己的过失。

"十思"之论，意在规劝唐太宗居安思危，全用排偶，气势雄峻，铿锵有力。这篇文章风格质朴，结构严谨，开启了唐代散文的疏朗之风。

知识加油站

兼听则明，偏信则暗

李世民问魏徵："君主怎样能够明辨是非，怎样叫昏庸糊涂？"魏徵答道："广泛地听取意见就能明辨是非，偏信某个人就会昏庸糊涂。"所谓"兼听则明，偏信则暗"，意思是要同时听取各方面的意见，才能正确认识事物；只相信单方面的话，必然会犯片面性的错误。

<ruby>为<rt>wèi</rt></ruby> <ruby>徐<rt>xú</rt></ruby> <ruby>敬<rt>jìng</rt></ruby> <ruby>业<rt>yè</rt></ruby> <ruby>讨<rt>tǎo</rt></ruby> <ruby>武<rt>wǔ</rt></ruby> <ruby>曌<rt>zhào</rt></ruby> <ruby>檄<rt>xí</rt></ruby>

唐 骆宾王

作者档案

骆宾王（约638年～684年），婺州义乌（今浙江）人。幼年即聪明过人，七岁能诗。高宗朝初为道王府属，后历任奉礼郎、武功主簿、长安主簿、侍御史。因数度上疏言事，获罪下狱，贬临海（今浙江）丞。后随徐敬业起兵讨伐武则天后，作檄斥其罪。与王勃、杨炯、卢照邻并称"初唐四杰"，有《骆丞集》传世。

<ruby>伪<rt>wěi</rt></ruby><ruby>临<rt>lín</rt></ruby><ruby>朝<rt>cháo</rt></ruby><ruby>武<rt>wǔ</rt></ruby><ruby>氏<rt>shì</rt></ruby><ruby>者<rt>zhě</rt></ruby>，<ruby>性<rt>xìng</rt></ruby><ruby>非<rt>fēi</rt></ruby><ruby>和<rt>hé</rt></ruby><ruby>顺<rt>shùn</rt></ruby>，<ruby>地<rt>dì</rt></ruby>①<ruby>实<rt>shí</rt></ruby><ruby>寒<rt>hán</rt></ruby><ruby>微<rt>wēi</rt></ruby>。
非法临朝执政的武氏，生性并非和顺，出身实在低微。从前她只是

<ruby>昔<rt>xī</rt></ruby><ruby>充<rt>chōng</rt></ruby><ruby>太<rt>tài</rt></ruby><ruby>宗<rt>zōng</rt></ruby><ruby>下<rt>xià</rt></ruby><ruby>陈<rt>chén</rt></ruby>②，<ruby>曾<rt>céng</rt></ruby><ruby>以<rt>yǐ</rt></ruby><ruby>更<rt>gēng</rt></ruby><ruby>衣<rt>yī</rt></ruby><ruby>入<rt>rù</rt></ruby><ruby>侍<rt>shì</rt></ruby>。<ruby>洎<rt>jì</rt></ruby><ruby>乎<rt>hū</rt></ruby><ruby>晚<rt>wǎn</rt></ruby><ruby>节<rt>jié</rt></ruby>③，
太宗宫中的一个才人，曾利用更衣的机会得以侍奉左右。到后来，又淫乱于

秽乱春宫。潜隐先帝之私，阴图后房之嬖④。

太子宫中。她隐藏与太宗的私情，暗地里图谋在后宫得到专宠。选入宫中的

入门见嫉，蛾眉不肯让人；掩袖工谗，狐媚偏

嫔妃都遭到了她的妒忌，她依仗容貌美丽而从来不肯让人；她像郑袖教人掩

能惑主。践元后于翚翟⑤，陷吾君于聚麀⑥。

袖那样进谗言害人，以狐狸般的妖媚迷惑了君主。她终于穿着华丽的礼服，

加以虺蜴⑦为心，豺狼成性，近狎邪僻，残

登上皇后的宝座，使我们的君主陷入了丧失人伦的境地。加上她心同蛇蝎，

害忠良，杀姊屠兄，弑君鸩⑧母。人神之所

性如豺狼，亲近奸佞之辈，残害忠臣良士，杀戮兄姊，杀君毒母。这样的人，

同嫉，天地之所不容。犹复包藏祸心，窥窃神

人神共愤，天地不容。她还包藏祸心，图谋帝位。先帝的爱子，被她幽禁于

器。君之爱子，幽之于别宫；贼之宗盟，委之

宫殿中；而逆贼的同族死党，却都被委以了重任。唉！霍光那样的忠臣不再

以重任。呜呼！霍子孟⑨之不作，朱虚侯⑩

出现，刘章那样的忠贞宗室已不复存在。"燕啄皇孙"歌谣的出现，预示了

之已亡。燕啄皇孙⑪，知汉祚之将尽；龙漦帝

汉朝气数将尽；而二龙的涎沫生出了褒姒，标志着夏后氏王朝就要衰亡。

后⑫，识夏庭之遽衰。

104

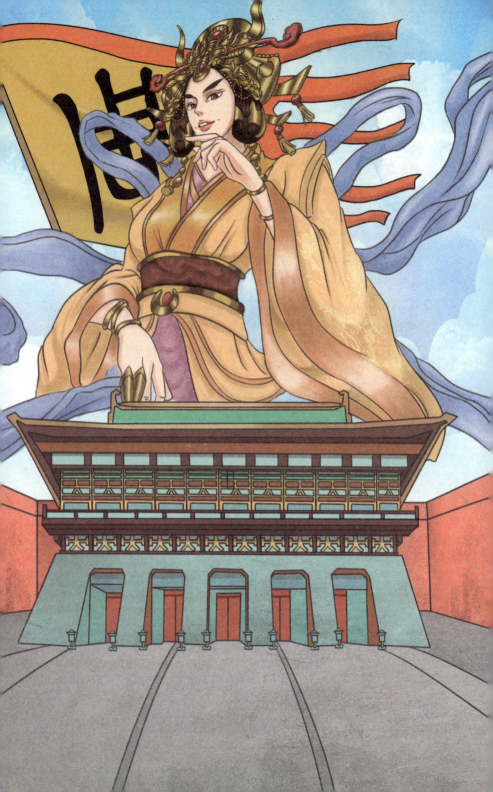

① 地：通"第"，出身。武则天的父亲是木材商人，当时属于寒微之族。② 下陈：下列。此处指武则天曾为太宗才人。③ 洎：等到。晚节：原来指晚年的意思，在这里指年纪稍大之后。后来。④ 嬖：受宠的姬妾。⑤ 践：登上。元后：皇后。翚翟：野鸡（据说野鸡的配偶不乱），象征妇德，所以皇后的车服上绘有野鸡羽毛的图案。⑥ 聚麀：原指两头公鹿共有一头母鹿。⑦ 虺：一种毒蛇。蜴：蜥蜴。⑧ 鸩：鸟名，羽毛有毒。这里指毒死。⑨ 霍子孟：即霍光。汉武帝死后，他辅佐幼主昭帝，昭帝死后，他又迎立宣帝，安定了汉室。⑩ 朱虚侯：即刘章。刘邦死后，诸吕作乱，他和周勃、陈平协力诛除了诸吕。⑪ 燕啄皇孙：汉成帝曾先后宠爱赵飞燕、赵合德姊妹，但她二人都没有为汉成帝生下儿女，又怕别的嫔妃怀孕生子，夺了自己受宠的地位，于是只要听说宫中有人为成帝产下婴儿，便设计杀死。⑫ 龙漦帝后：传说夏朝衰落的时候，曾有二龙停于宫中，夏王将它们的涎沫收藏了起来。到了周厉王末年，涎沫流了出来，变成了黑鼋，有个宫女碰到了便怀了孕，产下一女婴，这就是后来让周幽王"烽火戏诸侯"的褒姒。

敬业，皇唐旧臣，公侯冢子①**，奉先君之**

jìng yè   huáng táng jiù chén   gōng hóu zhǒng zǐ   fèng xiān jūn zhī

我敬业是大唐的旧臣，公侯的长子，继承了先辈开创的功业，蒙受

成业，荷本朝之厚恩。宋微子②**之兴悲，良**

chéng yè   hè běn cháo zhī hòu ēn   sòng wēi zǐ   zhī xīng bēi   liáng

本朝的厚恩。宋微子为故国的覆灭而悲哀，确实是有他的原因的；桓君山为

有以也；袁君山之流涕，岂徒然哉！是用气愤

yǒu yǐ yě   yuán jūn shān zhī liú tì   qǐ tú rán zāi   shì yòng qì fèn

失去爵禄而流泪，难道是毫无道理的吗！因此，我愤然而起要干一番事业，

fēng yún zhì ān shè jì yīn tiān xià zhī shī wàng shùn yǔ nèi zhī tuī

风云，志安社稷，因天下之失望，顺宇内之推

毅然立志要安定社稷，凭借天下百姓对武氏专权的失望之情，顺应四海之内

xīn yuán jǔ yì qí yǐ qīng yāo niè nán lián bǎi yuè běi jìn sān

心，爰举义旗，以清妖孽。南连百越，北尽三

的人心向背，举起义旗，以清除妖孽。南至百越，北到三河，铁骑成群结队，

hé tiě qí chéng qún yù zhóu③ xiāng jiē hǎi líng hóng sù

河，铁骑成群，玉轴③相接。海陵红粟④，

战车首尾相接。海陵的粟米多得发酵变红，仓库里所存物品无穷无尽；江浦

cāng chǔ zhī jī mǐ qióng jiāng pǔ huáng qí kuāng fù zhī gōng hé yuǎn

仓储之积靡穷；江浦黄旗，匡复之功何远？

一带，黄旗飘舞，匡复大唐的伟大功业又怎么会遥远？战马嘶鸣，激起了怒

bān shēng⑤ dòng ér běi fēng qǐ jiàn qì chōng ér nán dǒu píng yīn wū⑥

班声⑤动而北风起，剑气冲而南斗平。暗呜⑥

吼的北风；剑气冲天，与南斗比肩平行。士兵们郁积的愤怒可以使山岳崩毁，

zé shān yuè bēng tuí chì zhà zé fēng yún biàn sè yǐ cǐ zhì dí hé

则山岳崩颓，叱咤则风云变色。以此制敌，何

齐声呐喊就能使风云变色。拿这样的军队去制服敌人，什么样的敌人不能被

dí bù cuī yǐ cǐ tú gōng hé gōng bú kè

敌不摧？以此图功，何功不克？

摧毁？用这样的军队去建功立业，什么样的功业不能成就？

① 冢子：长子。② 宋微子：商纣王的庶兄微子启。商亡后他路过

商故都，看到一片荒芜景象，触景伤情，作了《麦秀歌》一篇。

③ 玉轴：战车。④ 海陵：地名，今江苏泰州市。红粟：陈年的粟。

⑤ 班声：马鸣声。⑥ 暗呜：怒气郁积。

公等^①或居汉地，或协周亲，或膺^②重

诸位王公有的享有大唐的封爵，有的是皇室的骨肉至亲，有的在外

寄于话言，或受顾命于宣室。言犹在耳，忠岂

面肩负重要的使命，有的则领受遗命于宫室之中。先帝的遗言犹在耳边，

忘心？一抔之土^③未干，六尺之孤何托？倘能

怎么可以忘记臣子的忠心？先帝陵墓的新土还未风干，留下幼小的君主又

转祸为福，送往事居^④，共立勤王^⑤之勋，

将托付何人？倘若能转祸为福，送别先帝而侍奉尚幼的新主，共同建立匡

无废大君^⑥之命，凡诸爵赏，同指山河。若其

扶王室的勋业，不废弃先帝的遗命，那么一切的封爵赏赐，都会像山河那

眷恋穷城^⑦，徘徊歧路，坐昧^⑧先几之兆，必

样牢固长久。如果有人仍然眷恋孤立的城池，在歧路上徘徊不定，看不清

贻^⑨后至之诛。请看今日之域中，竟是谁家之

已经显露的吉兆，必然会招致迟到的征诛。请看今日国内，究竟是谁家的

天下！

天下！

① 公等：诸公，诸位。② 膺：承受。③ 一抔之土：一捧土。④ 往：
死者。居：生者。⑤ 勤王：指臣下起兵救援王室。⑥ 大君：先帝。
⑦ 穷城：指孤立无援的城邑。⑧ 坐：徒然。昧：看不清楚。⑨ 贻：
遗留。

深入浅出读古文

唐高宗死后，皇后武则天掌握了朝政大权，并从公元690年开始改国号为周。李唐皇室的一些宗亲大臣纷纷起兵讨伐，徐敬业是唐朝勋臣之后，他打着恢复唐室的旗号，率军讨伐武后，最终兵败被杀。骆宾王当时是徐敬业的幕僚，因此替他写了这篇檄文。

此文采用了抑扬的手法，先贬武后，写武后罪不容诛，历数她的败德之行。第二段描写起兵反武的事，展现徐敬业的大义凛然，对义军军威之盛极尽铺陈，以鼓舞人心。最后强调大义面前不可无动于衷，号召天下人一起讨伐武后，并以赏罚作为激励鞭策。此檄文义正词严，议论宏伟，行文跌宕起伏，错综繁复而又极有条理。据说武则天在读到骆宾王的这篇文章后，对骆宾王大为欣赏，还感叹不能得到这样的人才。

知识加油站

武则天为何造"曌"字

唐朝时，有位朝臣叫宗楚客，他佩服武则天的治国才能。武则天当皇帝后，为了给武则天当皇帝制造舆论，宗楚客就造了"曌"字，并献给了武则天。他说这个字除了日月当空、普照天下的意思外，也很符合女人当皇帝的心境，又和她的名字"照"字同音。武则天很高兴，就把自己的名字由"武照"改为"武曌"。

与韩荆州书

唐 李白

作者档案

李白（701年—762年），字太白，号青莲居士。祖籍陇西成纪（今甘肃泰安东），幼时随父迁居绵州昌隆县（今四川江油）青莲乡。二十五岁起辞亲远游。天宝初供奉翰林，因遭权贵谗毁，仅一年余即离开长安。晚年投奔其族叔当涂令李阳冰，于其寓所病逝。有《李太白文集》三十卷行世。

白闻天下谈士相聚而言曰："生不用封
我李白听说天下喜欢议论的读书人相聚时总会说："人生在世不一

万户侯①，但愿一识韩荆州。"何令人之景慕
定要封万户侯，但愿能够结识一下韩荆州。"为什么您令人景仰爱慕到这种

^{yí zhì yú cǐ} ^{qǐ bù yǐ zhōugōng zhī fēng} ^{gōng tǔ wò} ^{zhī shì}
一至于此？岂不以周公之风，躬吐握^②之事，
程度呢？还不是因为您能以周公那样的风度，亲身力行"吐哺""握发"的

^{shǐ hǎi nèi háo jùn} ^{bēn zǒu ér guī zhī} ^{yì dēng lóng mén} ^{zé shēng}
使海内豪俊，奔走而归之，一登龙门，则声
美德，才使得天下的豪杰才俊之士，都愿意前来投奔，归附在您的门下；一

^{jià shí bèi} ^{suǒ yǐ lóng pán fèng yì} ^{zhī shì} ^{jiē yù shōumíng dìng jià}
价十倍！所以龙蟠凤逸^③之士，皆欲收名定价
经接待，就好像鲤鱼跃上龙门，声名大增。所以，那些尚未显达，还在蛰伏

^{yú jūn hóu} ^{jūn hóu bù yǐ fù guì ér jiāo zhī} ^{hán jiàn ér hū zhī}
于君侯。君侯不以富贵而骄之，寒贱而忽之，
之中的士人，都渴望在您那里得到名声，得到您对他们的评价。您既不因为

^{zé sān qiān zhī zhōng yǒu máo suì} ^{shǐ bái dé yǐng tuō ér chū} ^{jí qí}
则三千之中有毛遂^④，使白得颖脱而出，即其
自己地位尊贵而傲视他们，也不因为他们贫贱而轻视他们，那么，在您众多

^{rén yān}
人焉。
门客之中必然会有毛遂那样的人，如果我李白有脱颖而出的机会，我就是毛
遂那样的人了。

①万户侯：食邑万户的诸侯。②吐握：周公为了礼贤下士，曾经
一顿饭三次吐出口中的食物前去接待客人，洗一次头三次握着已
经淋湿的头发跑出来。后常用来比喻礼贤下士或招揽人才而操心
忙碌。③龙蟠凤逸：比喻有才能的人待时而动，像龙那样盘旋，
像凤那样起飞。蟠：盘旋。逸：奔跑，这里指飞翔。④毛遂：战
国时赵国平原君的门客，三年默默无闻。赵孝成王九年，他自荐
出使楚国，促成楚、赵合纵。

白，陇西布衣①，流落楚汉。十五好剑
我本是陇西的一个普通人，流落在楚汉一带。十五岁时爱好剑术，

术，遍干诸侯。三十成文章，历抵卿相。虽
到处谒见各地的地方官；三十岁时开始写文章，屡次拜访公卿相国。我身高

长不满七尺，而心雄万夫。皆王公大人许与
虽不满七尺，却有超越万夫的雄心。王公大臣都很赞许我的节操和义气。这

气义。此畴曩②心迹，安敢不尽于君侯哉？君
是我向来的思想和行迹，怎么敢不尽情向您倾吐呢！您的功绩可与神明相比，

侯制作侔③神明，德行动天地，笔参造化，学
德行感动天地，文章阐发了大道，学识穷尽了天人之理。但愿您能愉快地接

究天人。幸愿开张心颜，不以长揖见拒。必
纳我，不会因我的礼节简慢而拒绝我。假若要用盛大的筵席接待我，听我纵

若接之以高宴，纵之以清谈，请日试万言，倚
情畅谈，那就请您以一日作万言之文的题目来考察我，我想我可以在很短的

马可待④。今天下以君侯为文章之司命⑤，人物
时间内完成。如今，天下人都把您看作是品评文章的权威、衡量人的标准，

之权衡，一经品题，便作佳士。而今君侯何惜
只要得到您的称赞，那么这个人马上就会成为公认的优秀人才，您又何必吝

阶前盈尺之地，不使白扬眉吐气，激昂青云耶？
惜台阶前那尺寸之地，不让我扬眉吐气，施展抱负，直上青云？

①布衣：平民。②畴曩：往昔。③侔：相等。④倚马可待：形容文思敏捷，文章写得快。出自《世说新语·文学》。⑤司命：指品定文章的最高权威。

xī wáng zǐ shī　wéi yù zhōu　wèi xià chē　jí bì xún cí
昔王子师①为豫州，未下车，即辟荀慈
当初，王允在豫州做刺史，赴任时车子还没有到官署就聘用了荀慈明，

míng　jì xià chē　yòu bì kǒng wén jǔ　shān tāo　zuò jì
明②，既下车，又辟孔文举③；山涛④作冀
到任后又聘用了孔文举；山涛任冀州刺史时，选拔了三十多人，有的被任命

zhōu　zhēn bá sān shí yú rén　huò wéi shì zhōng shàng shū　xiān dài suǒ
州，甄拔三十余人，或为侍中、尚书，先代所
为侍中，有的被任命为尚书。这些都得到了前人的赞美。您也曾举荐严协律

měi　ér jūn hóu yì yī jiàn yán xié lù　rù wéi mì shū láng　zhōng jiān
美。而君侯亦一荐严协律，入为秘书郎，中间
做秘书郎，也举荐过崔宗之、房习祖、黎昕、许莹等人。他们或者因为才华

cuī zōng zhī　fáng xí zǔ　lí xīn　xǔ yíng zhī tú　huò yǐ cái míng
崔宗之、房习祖、黎昕、许莹之徒，或以才名
出众而为您所知，或者因为品行高洁而为您赏识。我常常看到他们感念您的

jiàn zhī　huò yǐ qīng bái jiàn shǎng　bái měi guān qí xián ēn fǔ gōng　zhōng
见知，或以清白见赏。白每观其衔恩抚躬，忠
恩德，确实是发自肺腑，而后这感激之情又变成了忠义之心奋发而出。我也

yì fèn fā　bái yǐ cǐ gǎn jī　zhī jūn hóu tuī chì xīn yú zhū xián zhī
义奋发。白以此感激，知君侯推赤心于诸贤之
常常因此而感动，知道您对这些贤人是推心置腹、以诚相待的，这就是我不

fù zhōng　suǒ yǐ bù guī tā rén　ér yuàn wěi shēn guó shì　tǎng jí nàn
腹中，所以不归他人，而愿委身国士。倘急难
去投奔他人，而愿意把自己托付给您的原因。倘使您在急难中如有用得着我

113

yǒu yòng　　gǎn xiào wēi qū
有用，敢效微躯。
的地方，我愿意贡献出我微薄的力量。

① 王子师：即三国时的王允。② 辟：任用。荀慈明：名爽，东汉
人，官至司空。③ 孔文举：即孔融。④ 山涛："竹林七贤"之一，
以善于举贤选能著称。

qiě rén fēi yáo shùn　　shuí néng jìn shàn　　bái mó yóu　　chóu huà
且人非尧舜，谁能尽善？白谟猷 ① 筹画，
况且，人不是尧舜，谁能尽善尽美？我在运筹策划方面，哪敢妄自

ān néng zì jīn　　zhì yú zhì zuò　　jī chéng juàn zhóu　　zé yù chén huì
安能自矜？至于制作，积成卷轴，则欲尘秽
尊大？至于写诗撰文，我倒是积累了一些卷轴，想烦劳您过目。只恐这些雕

shì tīng　　kǒng diāo chóng xiǎo jì　　bù hé dà rén　　ruò cì guān chú ráo
视听。恐雕虫小技，不合大人。若赐观刍荛 ②，
虫小技不能受到您的赏识。若蒙您垂青，愿意看看拙作，那么，请赐给我纸

qǐng jǐ zhǐ bǐ　　jiān zhī shū rén　　rán hòu tuì sǎo xián xuān　　shàn xiě chéng
请给纸笔，兼之书人，然后退扫闲轩，缮写呈
笔和抄写人员，我便回来打扫闲舍，誊写清楚后呈献给您。或许这些诗赋能

shàng　　shù qīng píng　　jié lù　　zhǎng jià yú xuē　　biàn　　zhī mén
上。庶青萍、结绿 ③，长价于薛、卞 ④ 之门。
像青萍宝剑和结绿美玉一样，通过薛烛、卞和的举荐提升价值。我这个地位

xìng tuī xià liú　　dà kāi jiǎng shì　　wéi jūn hóu tú zhī
幸推下流，大开奖饰，唯君侯图之。
低下的人希望能得到您的推举和褒扬，请您考虑我的请求吧！

① 谟猷：谋划。② 刍荛：割草打柴的人，此指草野之民。这里是
李白的谦称。③ 庶：或许。青萍：宝剑名。结绿：美玉名。④ 薛：

薛烛，春秋时越国人，善相剑。卞：卞和，春秋时楚国人，善识玉。

深入浅出读古文

唐玄宗朝的荆州长史韩朝宗，在当时士子中享有很高的声誉。李白想有一番作为，就毛遂自荐，写下这封请求引荐的信。虽然这是一封恳求他人的信，却写得不卑不亢，在委婉曲折中有一股昂扬豪迈的气势。

此文开头写仰慕韩荆州平日能得士，透出自荐的用意，语气委婉，既恭维了对方，又没有一点含哀乞怜之象。紧接着，李白自述往昔的心迹、才能和气节，表现自己不卑不亢的品质，并再次称颂韩荆州，起伏照应开头，充满顿挫跌宕之奇。后引两古人的事迹，又一次表达期望得到提拔的心情。文章字里行间谦虚而不跋扈，自信而不张扬。全文气岸雄伟，光焰万丈，从中可见李白心雄万夫之概。

知识加油站

成语词汇

倚马可待：靠着即将出征的战马起草文件，可以立等完稿。形容文思敏捷，文章写得快。（选自文句："必若接之以高宴，纵之以清谈，请日试万言，倚马可待。"）

与陈给事书

唐 韩愈

愈再拜^①：愈之获见于阁下有年矣。始者
韩愈再拜：我有幸与阁下结交已经有些年头了。开始也曾承蒙您夸

亦尝辱一言之誉，贫贱也，衣食于奔走，不得
奖过一两句，但我由于贫贱，为了衣食而到处奔走，所以不能时常来拜见您。

朝夕继^②见。其后阁下位益尊，伺候于门墙^③者
之后阁下的地位变得越来越尊贵，在您的门下侍奉的人也越来越多。地位越

日益进。夫位益尊，则贱者日隔；伺候于门墙
是尊贵，就会与贫贱的人日益疏远；侍奉在门下的人越多，那么您也就变得

者日益进，则爱博而情不专。愈也道不加修，
更加博爱和对旧友感情不专了。我在道德修养方面没有什么提高，而文章却

而文日益有名。夫道不加修，则贤者^④不与；
日益有名。道德修养没有提高，那么有贤德的人就不屑于同我交往；文章日

wén rì yì yǒu míng　zé tóng jìn zhě jì　shǐ zhī yǐ rì gé zhī shū
文日益有名，则同进者忌。始之以日隔之疏，

益有名，那么跟我一同求进的人便会产生妒忌。起初，您和我由于不常见面

jiā zhī yǐ bù zhuān zhī wàng　yǐ bù yǔ zhě zhī xīn　ér tīng jì zhě zhī
加之以不专之望，以不与者之心，而听忌者之

而变得关系疏远，后来又加上我对您感情不专注的抱怨，您便怀着不愿与我

shuō　yóu shì gé xià zhī tíng　wú yù zhī jì yǐ
说。由是阁下之庭，无愈之迹矣。

交往的心态，又听见了妒忌者对我的恶语相讥。因此，阁下的门庭，就难见

我的足迹了。

①再拜：古代一种隆重的礼节，拜两次表示郑重奉上。②继：连续。

③门墙：原指师门，此处泛指尊者的门下。④贤者：此处指陈给事。

qù nián chūn　yì cháng yí jìn yè　yú zuǒ yòu yǐ　wēn hū
去年春，亦尝一进谒①于左右矣。温乎

去年春天，我也曾拜见过您一次。您神情温和，好像接待新交的朋

qí róng　ruò jiā qí xīn yě　zhǔ hū qí yán　ruò mǐn qí qióng
其容，若加其新也；属②乎其言，若闵其穷

友一样；您的言语殷切热情，好像是怜悯我的穷困失意。从您那里回来，我

yě　tuì ér xǐ yě　yǐ gào yú rén　qí hòu rú dōng jīng qǔ qī zǐ
也。退而喜也，以告于人。其后如东京取妻子③，

心中十分高兴，便把这些告诉了别人。从那以后，我前往东京去接妻小，因

yòu bù dé zhāo xī jì jiàn　jí qí huán yě　yì cháng yí jìn yè yú
又不得朝夕继见。及其还也，亦尝一进谒于

而又不能时常去拜见您。等到我回来，又曾拜见过您一次。您的表情冷淡，

zuǒ yòu yǐ　miǎo hū qí róng　ruò bù chá qí yú　yě　qiǎo hū
左右矣。邈④乎其容，若不察其愚⑤也；悄乎

好像是不体察我的衷怀；少言寡语，好像并不领会我的情意。告辞回家，我

117

_{qí yán} _{ruò bù jiē qí qíng yě} _{tuì ér jù yě} _{bù gǎn fù jìn}
其言，若不接其情也。退而惧也，不敢复进。
心中惶恐不安，于是不敢再去拜见您了。

①进谒：前去拜见。②属：连续不断。③妻子：指妻子和儿子。
④邈：此处当冷淡、疏远讲。⑤愚：谦词，指自己的心怀。

_{jīn zé shì rán wù} _{fān rán huǐ yuē} _{qí miǎo yě} _{nǎi suǒ yǐ}
今则释然悟，翻然悔曰：其邈也，乃所以
现在我才恍然醒悟，很快懊悔地说：您的表情冷淡，正是恼怒我没

_{nù qí lái zhī bú jì yě} _{qí qiǎo yě} _{nǎi suǒ yǐ shì qí yì yě}
怒其来之不继也；其悄也，乃所以示其意也。
有时常来看望您；您少言寡语，正是用以表达这样的意思。对于我生性愚钝

_{bù mǐn zhī zhū} _{wú suǒ táo bì} _{bù gǎn suì jìn} _{zhé zì shū} _{qí}
不敏之诛，无所逃避。不敢遂进，辄自疏①其
的责怪，我是无可回避的了。我不敢就这样冒昧地去见您，因此写信来向您

_{suǒ yǐ} _{bìng xiàn jìn suǒ wéi} _{fù zhì fù} _{yǐ xià shí shǒu} _{wéi yī}
所以，并献近所为《复志赋》以下十首，为一
陈述情由，并献上近来所作的《复志赋》等十篇文章，作为一卷，卷端有标记。

_{juàn} _{juàn yǒu biāo zhóu} _{sòng mèng jiāo} _{xù} _{yì shǒu} _{shēng zhǐ}
卷，卷有标轴②。《送孟郊③序》一首，生纸④
《送孟郊序》一篇，用生纸写成，不加装饰，还有涂改添字的地方，这是因

_{xiě} _{bù jiā zhuāng shì} _{jiē yǒu kāi} _{zì zhù zì chù} _{jí yú zì}
写，不加装饰，皆有揩⑤字注字处，急于自
为急于解释自己并向您谢罪，于是等不到重新誊写清楚之后再向您呈上。希

_{jiě ér xiè} _{bù néng sì} _{gèng xiě} _{gé xià qǔ qí yì} _{ér lüè qí}
解而谢，不能俟⑥更写。阁下取其意，而略其
望阁下能接受我的情意，而不计较我在礼节方面的不周。我惶恐不安，再拜。

119

lǐ kě yě　　yù kǒng jù zài bài
礼可也。愈恐惧再拜。

①疏：逐条陈述。②标轴：古书画用卷子，卷端的棍杆为轴。标轴是卷轴上所作的标记。③孟郊：唐代诗人，字东野。④生纸：未经煮硾或涂蜡的纸。⑤揩：涂抹。⑥俟：等待。

深入浅出读古文

"陈给事"指的是唐德宗朝的门下省给事中陈京。韩愈信中述写了与陈京旧时曾有过交往和后来疏远的原因，也婉言表述了对陈给事的不满。韩愈写这封信是希望陈给事能消除疑虑，重新了解自己，恢复昔日的友谊。

此文通篇以"见"字作主，以婉转之辞，发尽情之论。全文历数与陈给事的见面情况，上半篇从"见"说到"不见"，下半篇从"不见"说到"要见"。描写峰回路转，跌宕顿挫，足见韩愈用笔之精妙。全文处处有自我责备的笔触，也处处表现作者渴求获得原谅、重新获得友谊的情感，实为一篇难得的书信佳作。

知识加油站

唐宋八大家

唐宋八大家，又称"唐宋散文八大家"，是唐代和宋代八位散文家的合称，分别为唐代柳宗元、韩愈和宋代欧阳修、苏洵、苏轼、苏辙、王安石、曾巩八位。其中韩愈、柳宗元是唐代古文运动的领袖，欧阳修、苏轼、苏辙、苏洵四人是宋代古文运动的核心人物，王安石、曾巩是临川文学的代表人物。

应科目时与人书

唐 韩愈

月、日，愈再拜：天池①之滨，大江之濆②，
某月某日，韩愈再拜：天池的水边，大江的岸旁，据说有一种怪物，

曰有怪物焉，盖非常鳞凡介之品汇匹俦③也。
它不是普通的鳞甲类动物所能相比的。它得到水，就能呼风唤雨，上天下地

其得水，变化风雨，上下于天不难也。其不及
都不困难。如果没有水，也就是平常所见的形状。虽然没有高高的山脉、巨

水，盖寻常尺寸之间耳。无高山、大陵④、旷
大的丘陵、宽广的道路、特别的险阻将它困住，然而它也只能在干涸的水泽

途、绝险为之关隔也，然其穷涸⑤，不能自致
里挣扎。然而在这种没有水的地方，十有八九会成为猵獭之类的小东西所嘲

乎水，为猵獭⑥之笑者，盖十八九矣。如有力
笑的对象。这时候如果有一位有力气的人，哀怜它的困顿而帮它移动到水中

者，哀其穷而运转之，盖一举手、一投足之

去——只是举手之劳。但是这个怪物与众不同，它还会说："我宁可烂死在

劳也。然是物也，负其异于众也，且曰："烂

泥沙中，也心甘情愿。俯首帖耳，摇尾乞怜，这绝非我的本愿。"所以即使

死于沙泥，吾宁乐之。若俯首帖耳⑦，摇尾而

是有力气的人遇到它，也是熟视无睹。这怪物到底是死是活，自然是无法预

乞怜者，非我之志也。"是以有力者遇之，熟

料了。

视之若无睹也。其死其生，固不可知也。

①天池：天然的大池。这里指海。②渍：水边。③品汇：类的意思。匹俦：相比。④陵：大山。⑤穷涸：处于缺水的困境。⑥滨獭：生活在水边的小兽，善游泳，以鱼为食。⑦俯首帖耳：形容卑恭顺从的样子。

今又有有力者当其前矣。聊试仰首一鸣

现在又有一位有力量的人出现在它的面前，它想暂且试着抬头号叫

号焉，庸讵①知有力者不哀其穷，而忘一举

一次吧，怎料这位有力量的人并未哀怜它的困顿，忘记了举手之劳把它转移

shǒu　yì tóu zú zhī láo　　ér zhuǎn zhī qīng bō hū　　qí āi zhī　　mìng
手、一投足之劳，而转之清波乎？其哀之，命
到水中去呢？有力量的人哀怜它，是命运的安排；不哀怜它，也是命运的安排。

yě　　qí bù āi zhī　　　mìng yě　　zhī qí zài mìng　　　ér qiě míng háo zhī
也；其不哀之，命也。知其在命，而且鸣号之
明白一切都是命中注定，但还是想号叫一声，这也是命运吧。我目前的处境，

zhě　　yì mìng yě　　yù jīn zhě shí yǒu lèi yú shì　　shì yǐ wàng　　qí
者，亦命也。愈今者实有类于是。是以忘^② 其
实在与它有类似处。因此也就不顾自己疏忽与愚笨的罪过，说出以上的言论，

shū yú zhī zuì　　　ér yǒu shì shuō yān　　gé xià qí yì lián chá zhī
疏愚之罪，而有是说焉。阁下其亦怜察之。
希望阁下也能对我的处境有所体察。

①庸讵：怎，岂。②忘：这里有抛开、不管的意思。

———— 深入浅出读古文 ————

韩愈考中进士后，于次年参加了博学宏词科的考试。在考试之前，他写了这封给韦舍人的信，希望对方能帮他做些宣传。在此文中，韩愈把自己比喻成"怪物"——它困于涸泽，却有很美好的愿望，即想有朝一日能在碧水清波之中大显身手。这篇文章表现了韩愈渴望能有一番作为的志向。

篇中的"怪物"指的是韩愈自己，而能解救它的"有力者"指的是能举荐人才的显贵。本篇写怪物和有力者的关系，其实是在说人才与显贵的关系。怪物周围有水的时候，"变化风雨，上下于天不难也"，但是如果离开水，就没有什么作为了，这是暗指人才遇上困境而不能施展抱负。有力者有能力救怪物，而且是"一举手、一投足之劳"，可见人才能否被举荐，只在显贵们的一念之间。

知识加油站

成语词汇

俯首帖耳：像狗见了主人那样低着头，耷拉着耳朵。形容卑屈驯服的样子。（选自文句："若俯首帖耳，摇尾而乞怜者，非我之志也。"）

举手投足：一抬手，一动脚。泛指一举一动，举止动作。（选自文句："如有力者，哀其穷而运转之，盖一举手、一投足之劳也。"）

上枢密韩太尉书
shàng shū mì hán tài wèi shū

宋 苏辙

作者档案

苏辙（1039年—1112年），字子由，眉州眉山（今四川）人。神宗朝为制置三司条例司属官，因反对王安石变法，出为河南推官。哲宗时，召为秘书省校书郎。元祐元年（1086年）为右司谏，历官御史中丞、尚书右丞。后因上书反对时政出知汝州，再谪雷州安置、移循州。"唐宋八大家"之一。

太尉① 执事：辙生好为文，思之② 至
tài wèi zhí shì zhé shēng hào wéi wén sī zhī zhì

太尉执事：我生性喜好写作，对于作文章进行过深入的思考。我认

深。以为文者，气之所形，然文不可以学而
shēn yǐ wéi wén zhě qì zhī suǒ xíng rán wén bù kě yǐ xué ér

为所谓文章，是气的外在表现，然而文章不是光靠增长学问就能写好的，气

128

néng　　qì kě yǐ yǎng ér zhì　mèng zǐ yuē　　　　　wǒ shàn yǎng wú hào rán
能，气可以养而致。孟子曰："我善养吾浩然
却可以通过加强修养而得到。孟子说："我善于培养自己的浩然正气。"现

zhī qì　　　 jīn guān qí wén zhāng　 kuān hòu hóng bó　 chōng hū tiān dì zhī
之气。"今观其文章，宽厚宏博，充乎天地之
在看他的文章，宽厚宏博，充于天地之间，和他的浩然正气是相称的。太史

jiān　 chèn③　qí qì zhī xiǎo dà　 tài shǐ gōng④ xíng tiān xià　 zhōu lǎn⑤
间，称③其气之小大。太史公④行天下，周览⑤
公司马迁游遍天下，博览了全国的名山大川，与燕、赵之间的俊士豪杰交游，

sì　hǎi míng shān dà chuān　 yǔ yān　　zhào jiān háo jùn jiāo yóu　gù qí wén
四海名山大川，与燕、赵间豪俊交游，故其文
所以他的文章疏朗洒脱，颇有奇伟的气概。这两个人，难道曾经拿着笔学过

shū dàng⑥　　pō yǒu qí qì　cǐ èr zǐ zhě　　 qǐ cháng zhí bǐ xué wéi
疏荡⑥，颇有奇气。此二子者，岂尝执笔学为
写这样的文章吗？这是因为他们的浩气充满胸中而流露到他们的形貌之外，

rú cǐ zhī wén zāi　　 qí qì chōng hū qí zhōng ér yì hū qí mào　 dòng
如此之文哉？其气充乎其中而溢乎其貌，动
反映在他们的言语里而体现在他们的文章中，但他们自己并不曾觉察到。

hū qí yán ér xiàn hū qí wén　　 ér bú zì zhī yě
乎其言而见乎其文，而不自知也。

①太尉：指韩琦，北宋著名的军事家和政治家。他在宋仁宗时曾
任枢密使，执掌全国兵权。②之：代词，指文章。③称：相称。
④太史公：指司马迁。⑤周览：饱览。⑥疏荡：洒脱而不拘束。

zhé shēng shí yòu jiǔ nián yǐ　　 qí jū jiā suǒ yǔ yóu zhě　　 bú
辙生十有九年矣。其居家所与游者，不
苏辙我出生已经十九年了。我住在家中时，所交往的不过是乡间

guò qí lín lǐ xiāng dǎng zhī rén　　　　suǒ jiàn bú guò shù bǎi lǐ zhī jiān

过其邻里乡党之人，所见不过数百里之间，

邻里的人，见到的不过是方圆几百里之内的事物，没有高山旷野可供登

wú gāo shān dà yě kě dēng lǎn yǐ zì guǎng①　　bǎi shì zhī shū　suī

无高山大野可登览以自广①。百氏之书，虽

览以开阔自己的见识。诸子百家的书，虽然无所不读，然而那些都是古

wú suǒ bù dú　　rán jiē gǔ rén zhī chén jì②　　bù zú yǐ jī fā qí

无所不读，然皆古人之陈迹②，不足以激发其

人的东西，不足以激发我的志气。我担心因此而埋没了自己，所以毅然

zhì qì　　kǒng suì mǐn mò③　　gù jué rán shě qù　　qiú tiān xià qí wén

志气。恐遂泯没③，故决然舍去，求天下奇闻

离开了故乡，去寻求天下的奇闻壮观，以了解天地的广阔。我曾路过秦、

zhuàng guān　　yǐ zhī tiān dì zhī guǎng dà　　guò qín　hàn zhī gù dū

壮观，以知天地之广大。过秦、汉之故都，

汉的故都，尽情观赏了终南山、嵩山、华山的高峻，向北望见了黄河的

zì guān zhōng nán　sōng　huà④ zhī gāo　běi gù huáng hé zhī bēn

恣观终南、嵩、华④之高，北顾黄河之奔

奔流，感慨地想起了古代的豪士俊杰。到了京师之后，瞻仰了天子宫殿

liú　　kǎi rán xiǎng jiàn gǔ zhī háo jié　zhì jīng shī　yǎng guān tiān zǐ

流，慨然想见古之豪杰。至京师，仰观天子

的雄伟壮丽，以及粮仓、府库、城池、园林的富丽和巨大，这才知道天

gōng què zhī zhuàng　yǔ cāng lǐn　fǔ kù　chéng chí　yuàn yòu zhī fù qiě

宫阙之壮，与仓廪、府库、城池、苑囿之富且

下的广阔和壮丽。我见到了翰林学士欧阳公，听到了他宏大而雄辩的议

dà yě　　ér hòu zhī tiān xià zhī jù lì　　jiàn hàn lín ōu yáng gōng⑤

大也，而后知天下之巨丽。见翰林欧阳公⑤，

论，看到了他清秀而俊伟的容貌，同他门下的贤士大夫交游，这才知道

tīng qí yì lùn zhī hóng biàn　guān qí róng mào zhī xiù wěi　yǔ qí mén rén

听其议论之宏辨，观其容貌之秀伟，与其门人

天下的文章都聚集在这里。太尉您以雄才伟略著称于天下，天下民众仰

xián shì dà fū yóu　　ér hòu zhī tiān xià zhī wén zhāng jù hū cǐ yě
贤士大夫游，而后知天下之文章聚乎此也。
仗您才得以平安无忧，四方异族惧怕您从而不敢侵扰；您在朝廷之内就

tài wèi yǐ cái lüè guàn tiān xià　　tiān xià zhī suǒ shì yǐ wú yōu　　sì yí
太尉以才略冠天下，天下之所恃以无忧，四夷
像周公、召公那样辅佐君王，您出兵作战就如同方叔、召虎一样威震四方。

zhī suǒ dàn yǐ bù gǎn fā　　rù zé zhōu gōng　　shào gōng⑥　　chū zé fāng
之所惮以不敢发；入则周公、召公⑥，出则方
然而我苏辙至今却还未曾见到您啊。

shū　　shào hǔ⑦　　ér zhé yě wèi zhī jiàn yān
叔、召虎⑦。而辙也未之见焉。

①自广：扩大自己的视野。②陈迹：陈旧的东西。③汩没：埋没。
④终南、嵩、华：指终南山、嵩山、华山。⑤欧阳公：欧阳修。
⑥周公、召公：二人都是周武王时的大臣，武王死后，召公和
周公一起辅佐成王，政绩卓著。⑦方叔、召虎：都是周宣王时
的名臣。

qiě fú rén zhī xué yě　　bú zhì①　　qí dà　　suī duō ér hé
且夫人之学也，不志①其大，虽多而何
况且一个人求学，如果没有远大的志向，即使学很多又有什么用

wéi　　zhé zhī lái yě　　yú shān jiàn zhōng nán　　sōng　　huà zhī gāo
为？辙之来也，于山见终南、嵩、华之高，
呢？我这一次来，于山，看见了终南山、嵩山、华山的高峻；于水，看

yú shuǐ jiàn huáng hé zhī dà qiě shēn　　yú rén jiàn ōu yáng gōng　　ér yóu
于水见黄河之大且深，于人见欧阳公，而犹
到了黄河的宽阔深广；于人，我看到了欧阳公。但是因为没有见到太尉

yǐ wéi wèi jiàn tài wèi yě　　gù yuàn dé guān xián rén zhī guāng yào②
以为未见太尉也。故愿得观贤人之光耀②，
您而感到遗憾。所以希望能够看到贤人的风采，听到您一句话以使自己

wén yì yán yǐ zì zhuàng　rán hòu kě yǐ jìn③ tiān xià zhī dà guān ér wú
闻一言以自壮，然后可以尽③天下之大观而无
获得激励，这样才可以说是尽览了天下的盛大景象，也不会有什么遗憾

hàn zhě yǐ
憾者矣。
了。

①志：有志于。②光耀：人的风采。③尽：看尽。

zhé nián shào　　wèi néng tōng xí lì shì　xiàng zhī lái① 　　 fēi yǒu
辙年少，未能通习吏事。向之来①，非有
我苏辙还年轻，尚未通晓为官之事。当初到京师来，并不是为了谋

qǔ yú dǒu shēng zhī lù② 　ǒu rán dé zhī　fēi qí suǒ lè　rán xìng
取于斗升之禄②，偶然得之，非其所乐。然幸
取微薄的俸禄，就算是偶然得到，也不是我的志趣所在。然而有幸得到恩赐，

dé cì guī dài xuǎn　 shǐ dé yōu yóu③ shù nián zhī jiān　 jiāng yǐ yì④
得赐归待选，使得优游③数年之间，将以益④
让我回家等待朝廷的选用，使得我能悠闲几年，以进一步钻研学业，并学习

zhì qí wén　 qiě xué wéi zhèng　 tài wèi gǒu⑤ 　yǐ wéi kě jiào ér rǔ jiào
治其文，且学为政。太尉苟⑤以为可教而辱教
从政之道。太尉如果认为我还值得指教并且愿意屈尊指教我的话，就更使我

zhī　 　yòu xìng yǐ
之，又幸矣。
感到荣幸了。

①向之来：这里指之前来京应试。向：先前。②斗升之禄：指微薄的俸禄。③优游：生活得十分闲适。④益：更加。治：钻研。⑤苟：如果。

深入浅出读古文

　　韩太尉指的是北宋名臣韩琦，他威望极高，在当时深为世人尊重。苏辙在宋仁宗嘉祐二年（1057年）考中了进士，之后不久写信给韩琦，委婉表达了希望得到韩琦接见的愿望。

　　本文首段开门见山，说出作者的文学见解，还引用孟子的"浩然正气"和司马迁的"奇气"，来说明文学和"气"之间的关系。第二段笔锋一转，以"不过""不足"这一类否定词表现自己当时所处的困境。接着由抑转扬，说自己通过游览名山大川，取得了自我突破。第三段转而赞扬韩琦，突出韩琦的崇高地位，由此表现自己对韩琦的仰慕之情。文末表明了写作此文的用意，表达了请求韩琦接见的意愿。本文一段一转，文字曲折委婉，语气迂回徘徊，整篇文章严谨而又富于变化。

知识加油站

三苏父子

　　三苏父子指的是北宋散文家苏洵和他的儿子苏轼、苏辙。宋仁宗嘉定初年，苏洵和苏轼、苏辙父子三人来到东京（今河南开封）。由于欧阳修的赏识和推誉，他们的文章很快著名于世。士大夫争相传诵，一时间文人们竞相仿效。

寄欧阳舍人书
jì ōu yáng shè rén shū

宋 曾巩

作者档案

曾巩（1019年—1083年），字子固，建昌南丰（今江西南丰）人。宋仁宗庆历元年（1041年），为欧阳修所赏识。宋仁宗嘉祐二年（1057年）进士，长期担任地方官职，政绩卓著。为"唐宋八大家"之一。

去秋①人还，蒙赐书及所撰先大父②墓

去年秋天我派去的人回来，承蒙您赐给书信并为先祖父撰写了墓碑

碑铭，反复观诵，感与惭并。

铭文，我反复地观看诵读，真的是感激和惭愧并发。

① 去秋：当指庆历六年。 ② 先大父：指曾巩已经去世的祖父曾致尧。

夫铭志之著于世，义近于史，而亦有与史
墓志铭之所以著称于世，因为它的意义与史传相近，但也有与史传

异者。盖史之于善恶无所不书，而铭者，盖古
不同的地方。大概是史传对于善事恶事无不记录，而墓志铭，是古人中那些

之人有功德、材行、志义之美者，惧后世之不
有美好的功德、才能、操行、志向和气节的人，怕后人对此不能知晓，于是

知，则必铭而见之。或纳于庙，或存于墓①，
一定要作铭文来彰明于世。有的将墓志铭供奉在庙堂之中，有的将它存于坟

一也。苟其人之恶，则于铭乎何有？此其所以
墓之内，其用意都是一样的。如果这个人是邪恶的，那又有什么值得铭记的

与史异也。其辞之作，所以使死者无有所憾，
呢？这就是墓志铭与史传的区别。墓志铭的撰写，是为了让死者没有遗憾，

生者得致其严②。而善人喜于见传③，则勇
让生者得以表达敬意。行善的人喜欢让自己的事迹被传诵，于是就勇于作为；

于自立④；恶人无有所纪⑤，则以愧而惧⑥。
坏人没什么可载入铭文的，因此会惭愧和惧怕。至于那些博学多才、见识广

zhì yú tōng cái dá shí　yì liè jié shì　jiā yán shàn zhuàng　jiē xiàn
至于通材达识、义烈节士，嘉言善 状，皆见
博的人，忠贞刚烈、节操高尚之士，他们美好的言谈和光辉的事迹，都会在

yú piān　zé zú wéi hòu fǎ⑦　jǐng quàn zhī dào　fēi jìn hū shǐ
于篇，则足为后法⑦。警劝之道，非近乎史，
墓志铭中有所体现，足以为后人所效法。警醒劝诫的作用，不与史书相近，

qí jiāng ān jìn
其将安近？
又与什么相近呢？

① 或纳于庙，或存于墓：一种置于家庙里，另一种放置在墓穴中，
其用意是一样的。② 致：表达。严：尊敬。③ 喜于见传：积善的
人喜欢见到自己的事迹被传诵。④ 勇于自立：奋发起来有所建树。
⑤ 无有所纪：没有什么事迹可记载。⑥ 以愧而惧：因为惭愧而惧怕。
⑦ 足为后法：足以作为后人的楷模。

jí shì①　zhī shuāi　wéi rén zhī zǐ sūn zhě　yí yù bāo yáng
及世①之衰，为人之子孙者，一欲褒扬
到了世道衰微的时候，为人子孙的，只想要颂扬死去的亲人而不遵

qí qīn ér bù běn hū lǐ　gù suī è rén　jiē wù lè míng②　yǐ kuā
其亲而不本乎理。故虽恶人，皆务勒铭②以夸
循事理。所以虽是坏人，也都醉心于刻下铭文向后世夸耀。撰写铭文的人，

hòu shì　lì yán zhě　jì mò zhī jù ér bù wéi　yòu yǐ qí zǐ sūn
后世。立言者，既莫之拒而不为，又以其子孙
没法拒绝推，因为受到他子孙的一再请托。这种情况下，如果写出他的恶行，

zhī qǐng yě　shū qí è yān　zé rén qíng zhī suǒ bù dé　yú shì hū
之请也，书其恶焉，则人情之所不得，于是乎
那么人情上就有说不过去的地方，于是这墓志铭就开始有了不实之言。后代

míng shǐ bù shí　　hòu zhī zuò míng zhě　　cháng guān qí rén　　gǒu tuō zhī
铭始不实。后之作铭者，常观其人。苟托之
要给死者作铭文的人，应当事先观察撰写铭文的人的为人。如果托付了一个

fēi rén　　zé shū zhī fēi gōng yǔ shì　　zé bù zú yǐ xíng shì ér chuán
非人，则书之非公与是，则不足以行世而传
不适当的人，那么写出的铭文就会不公正而且不符事实，这样的铭文就不能

hòu　　gù qiān bǎi nián lái　　gōng qīng dà fū zhì yú lǐ xiàng zhī shì ③　　mò
后。故千百年来，公卿大夫至于里巷之士③莫
流传于后世。所以千百年来，上至公卿大夫，下至里巷小民，都是有墓志铭的，

bù yǒu míng　　ér chuán zhě gài shǎo　　qí gù fēi tā　　tuō zhī fēi rén
不有铭，而传者盖少。其故非他，托之非人，
而流传于世的却很少，没有别的原因，只是因为他们托付的人不当，撰写的

shū zhī fēi gōng yǔ shì gù yě
书之非公与是故也。
铭文不公正、不符合事实。

①及：到。世：世风。②勒铭：把铭文刻于石碑上。③公卿大夫：
达官贵人的统称。里巷之士：普通百姓。

rán zé shú wéi qí rén　　ér néng jìn gōng yǔ shì yú　　fēi xù ①
然则孰为其人，而能尽公与是欤？非畜①
然而什么样的人能做到彻底公正和符合事实呢？如果不是道德修养

dào dé ér néng wén zhāng zhě　　wú yǐ wéi yě　　gài yǒu dào dé zhě zhī
道德而能文章者，无以为也。盖有道德者之
很高并且文章出众的人是不能做到的。一般来讲，有道德的人面对那些坏人，

yú è rén　　zé bú shòu ér míng zhī　　yú zhòng rén　　zé néng biàn
于恶人，则不受而铭之；于众人，则能辨
是不会接受他们的委托帮其撰写铭文的；对于一般的人，他也能明辨善恶。

焉。而人之行，有情善而迹非，有意奸而外淑②，
而人们一生的行为，有内心善良而事迹不好的；有内心奸邪却貌似贤淑的；

有善恶相悬而不可以实指，有实大于名，有
有集善恶于一身却不能明确哪些是善，哪些是恶的；有实际的功绩要大过所

名侈③于实。犹之用人，非畜道德者，恶④能
得的名声的；有名过其实的。这就好像用人，不是道德修养很高的人，怎能

辨之不惑，议之不徇⑤？不惑不徇，则公且是
明辨善恶而不被迷惑，公正评论而不徇私情呢？不被迷惑，不徇私情，这就

矣。而其辞之不工，则世犹不传，于是又在
能做到铭文公正而且符合事实了。然而如果铭文的文词不精美，还是不会流

其文章兼胜⑥焉。故曰非畜道德而能文章者
传于后世的，于是又必须在文章上胜人一筹。所以说不是道德修养很高而且

无以为也。岂非然哉？
文章出众的人是难于做到的。难道不是这样吗？

①畜：通"蓄"。②淑：贤善。③侈：夸大。④恶：怎么。⑤徇：
偏于私情。⑥文章兼胜：文章比别人写得好。

然畜道德而能文章者，虽或并世而有，
然而道德修养很高而文章又出众的人，虽然有时会同时出现，但也

亦或数十年或一二百年而有之。其传之难如
有可能数十年或一二百年才出现一个。铭文的传世已经是如此困难了，而遇

此，其遇之难又如此。若先生之道德文章，固
到合适作铭文的人更困难。像先生这样道德、文笔，可以说是数百年才有一

所谓数百年而有者也。先祖之言行卓卓，幸遇
个的。我先祖的言行很是杰出，他有幸得到了公正而且符合事实的铭文，那

而得铭其公与是，其传世行后无疑也。而世
么这铭文能流传于后世无疑的了。而世上的学者，每当阅读传记所记述的

之学者，每观传记所书古人之事，至于所可
古人事迹时，看到感人的地方，往往是悲伤得不知不觉落泪，何况是死者的

感，则往往蠚然①不知涕之流落也，况其子
子孙呢？又何况是我曾巩呢？我追念仰慕先祖的德行，并且思考铭文能够流

孙也哉？况巩也哉？其追睎②祖德而思所以
传于后世的原因，然后明白，先生赐给我碑铭，这是遍及我们祖孙三代的恩

传之之由，则知先生推一赐于巩而及其三
德啊！我的感动和想要报答的心情，该如何向您表达呢？然后又想了想，我

世③。其感与报，宜若何而图之？抑又思，若
曾巩浅薄愚笨，而先生举荐我，先祖穷困潦倒而死，而先生颂扬他，那么世

巩之浅薄滞拙，而先生进之，先祖之屯蹶否
上的那些俊士豪杰、超绝非凡之士，有谁不愿意投在先生门下呢？那些潜伏

塞④以死，而先生显之；则世之魁闳⑤豪杰

避世、忧郁不得志的人士，有谁不会因此而对世道产生希望呢？善事有谁会

不世出之士，其谁不愿进于门？潜遁幽抑⑥之

不想去做，而做恶事的人有谁不感到惭愧恐惧呢？作为父亲、祖父的，有谁

士，其谁不有望于世？善谁不为？而恶谁不愧

不想教育好自己的子孙？作为子孙的，有谁不想使自己的父亲、祖父更加荣

以惧？为人之父祖者，孰不欲教其子孙？为人

耀？这种种美德，都要归功于先生啊！

之子孙者，孰不欲宠荣其父祖？此数美者，一

归于先生。

既拜赐之辱，且敢进其所以然。所论世族

既然已经荣幸地受到了您的恩赐，又冒昧地说出了感激您的原因，

之次，敢不承教而加详焉？愧甚不宣。

那么您所论及的我的家族世系，怎敢不遵照您的教诲而详细地加以考究呢？
惭愧万分，书不尽意。

① 蠢然：悲伤痛苦的样子。② 晞：仰慕。③ 推一赐：给予一次恩
惠。三世：指祖、父、自己三代。④ 屯蹶否塞：比喻生活极为艰苦。
⑤ 魁闳：气量宏大。⑥ 幽抑：困顿。

深入浅出读古文

宋仁宗庆历六年（1046年），欧阳修为曾巩已经逝世的祖父写了一篇墓志铭，曾巩为表达自己的感激之情，写下这篇文章，作为感谢信寄给了欧阳修。此文先说写信的缘由及自己此时的心情，然后比较史传和墓志铭的异同，其意在于感谢欧阳修对曾巩祖父的夸耀；最后表达对欧阳修的推崇和谢意。

古人写墓志铭，讲究必须以事实为依据，这样才能发挥它追忆先人、劝善惩恶的教化功能。曾巩的这篇文章结构严谨，自成一家，从写信缘起，到议论志铭，再到传世志铭的关键，最后盛赞欧阳修，内容环环相扣，如行云流水。作为感谢信，开头并不言谢，而是迂回曲折，慢慢道来，由古及今，从虚到实，最后才道出赞美和深谢之意。此文言简而意深，语言看似平淡却意味深长。

知识加油站

成语词汇

通材达识：指博学多才、见识练达的人。（选自文句："至于通材达识、义烈节士，嘉言善状，皆见于篇，则足为后法。"）

嘉言善状：指有教育意义的好言语和好行为。（选自文句："至于通材达识、义烈节士，嘉言善状，皆见于篇，则足为后法。"）

143

报刘一丈书

bào liú yī zhàng shū

明 宗臣

作者档案

宗臣（1525年—1560年），字子相，号方城山人，扬州兴化（今江苏）人。嘉靖二十九年（1550年）进士，初授刑部主事，后吏部员外郎，因作文祭奠杨继盛而得罪严嵩，被贬为福州布政使司左参议，后因率众击退倭寇有功，迁提学副使。他能诗善文，著有《宗子相集》。

shù qiān lǐ wài　dé zhǎng zhě shí cì yī shū　yǐ wèi cháng

数千里外，得长者时赐一书，以慰长

在几千里以外，时常接到您老人家的来信，安慰我长久思念之心，

xiǎng　jí yì shèn xìng yǐ　hé zhì gèng rǔ kuì wèi　zé bù cái yì jiāng

想，即亦甚幸矣；何至更辱馈遗，则不才益将

已经是十分幸运的事情了；又承蒙您馈赠礼品，这叫我更加不知道用什么来

hé yǐ bào yān　　shū zhōng qíng yì shèn yīn　　jí zhǎng zhě zhī bú wàng lǎo
何以报焉？书中情意甚殷，即长者之不忘老
报答您啊！您的书信情意甚是殷切，可见您没有忘记我的老父亲，我也明白

fù　　zhī lǎo fù zhī niàn zhǎng zhě shēn yě
父，知老父之念长者深也。
了自己的老父亲为什么这样深深想念您。

zhì yǐ　　shàng xià xiāng fú ①　　cái dé chèn wèi　　yǔ bù cái ②
至以"上下相孚①，才德称位"语不才②，
至于信中用"上下之间要互相信任，才能与品德要与职位相称"的

zé bù cái yǒu shēn gǎn yān　　fú cái dé bú chèn　　gù zì zhī zhī yǐ
则不才有深感焉。夫才德不称，固自知之矣；
话来教导我，我有非常深的感触。我的才能品德与职位不相称，我自己本来

zhì yú bù fú zhī bìng　　zé yóu bù cái wéi shèn　　qiě jīn zhī suǒ wèi fú
至于不孚之病，则尤不才为甚。且今之所谓孚
就知道这一点；至于上下互不信任这一弊病，则在我身上表现得尤为突出。

zhě hé zāi　　rì xī cè mǎ hòu quán zhě zhī mén　　mén zhě gù bú rù
者何哉？日夕策马候权者之门，门者故不入，
再说现今所讲的上下信任是什么呢？他从早到晚骑着马恭候在当权者的门

zé gān yán mèi cí ③　　zuò fù rén zhuàng　　xiù jīn yǐ sī zhī　　jí mén zhě
则甘言媚词③作妇人状，袖金以私之。即门者
口，看门的人故意不进去通报时，就甜言蜜语并且做出女人一样的媚态，把

chí cì ④　　rù　　ér zhǔ rén yòu bù jí chū jiàn　　lì jiù zhōng pú mǎ
持刺④入，而主人又不即出见，立厩中仆马
藏在袖子里的银钱拿出来偷偷塞给看门人。看门人拿了名帖进去通报了，可

zhī jiān　　è qì xí yī xiù　　jí jī hán dú rè bù kě rěn　　bú qù
之间，恶气袭衣袖，即饥寒毒热不可忍，不去
是主人又不立刻出来接见，他只好站在马棚里，身处仆人和马匹中间，臭气

yě　　dǐ mù　　zé qián suǒ shòu zèng jīn zhě chū　　bào kè yuē　　xiàng
也。抵暮，则前所受赠金者出，报客曰："相
熏着衣袖，即使饥饿寒冷或闷热难忍，也不肯离开。到了太阳落山的时候，

146

gōng juàn　xiè kè yǐ　　kè qǐng míng rì lái　　　jí míng rì yòu bù gǎn
公倦，谢客矣，客请明日来。"即明日又不敢
先前收了钱的看门人出来，对他说："相公疲倦了，今日谢客。请你明日再

bù lái　　yè pī yī zuò　　wén jī míng jí qǐ guàn zhì⑤　zǒu mǎ⑥
不来。夜披衣坐，闻鸡鸣即起盥栉⑤，走马⑥
来。"到了第二天，自己又不敢不来。从夜里就开始披着衣服坐着，听到鸡

tuī mén　　mén zhě nù yuē　　　wéi shuí　　zé yuē　　　zuó rì zhī
推门。门者怒曰："为谁？"则曰："昨日之
叫，便起来梳洗，然后骑马跑去推门。守门人发怒问："是哪个人？"他回

kè lái　　　zé yòu nù yuē　　　hé kè zhī qín yě　　qǐ yǒu xiàng gōng
客来。"则又怒曰："何客之勤也，岂有相公
答说："就是昨天来的那一个。"守门人又怒气冲天地说："客人为什么这

cǐ shí chū jiàn kè hū　　kè xīn chǐ zhī　　qiǎng rěn ér yǔ yán yuē
此时出见客乎？"客心耻之，强忍而与言曰：
样勤快呢？难道相公会在这个时候出来见客吗？"他心里感到受了羞辱，但

wú nài hé yǐ　　gū róng wǒ rù　　　mén zhě yòu dé suǒ zèng jīn
"亡奈何矣，姑容我入。"门者又得所赠金，
还是勉强忍着对看门人说："没有办法呀，姑且让我进去吧。"守门人于是

zé qǐ ér rù zhī　　yòu lì xiàng⑦　suǒ lì jiù zhōng　　xìng zhǔ zhě chū
则起而入之。又立向⑦所立厩中。幸主者出，
又得了他的银钱，就起身让他进去。他于是还是站在昨天站过的马棚里。幸

nán miàn zhào jiàn　　zé jīng zǒu pú fú jiē xià　　zhǔ zhě yuē　　　jìn
南面召见，则惊走匍匐阶下。主者曰："进！"
好主人出来了，朝南坐着召见他，他便匆忙跑过去趴在台阶下。主人说："进

zé zài bài　　gù chí bù qǐ　　qǐ zé shàng suǒ shàng shòu jīn　　zhǔ zhě
则再拜，故迟不起，起则上所上寿金。主者
来！"他就拜了两拜，故意迟迟不起来，起来以后便献上礼物。主人故意不

gù bú shòu　　zé gù qǐng　　zhǔ zhě gù gù bú shòu　　zé yòu gù qǐng
故不受，则固请。主者故固不受，则又固请，
接受，他就一再请求。主人故意装出不接受的样子，他又再三请求。然后主

147

rán hòu mìng lì nà zhī　　zé yòu zài bài　　yòu gù chí bù qǐ　　qǐ
然后命吏纳之。则又再拜，又故迟不起，起
人叫手下将礼物收了起来。他就又拜了两拜，又故意迟迟不起来，起来后又

zé wǔ liù yī shǐ chū　　chū yī mén zhě yuē　　guān rén ⑧　xìng gù
则五六揖始出。出揖门者曰："官人⑧幸顾
作了五六个揖才退出来。出来后，他给看门人作揖说："请官人对我多多关照！

wǒ　　tā rì lái　　xìng wú zǔ wǒ yě　　mén zhě dá yī　　dà xǐ
我，他日来，幸无阻我也！"门者答揖。大喜
以后再来，请不要阻拦我啊！"看门人回了他一个揖。他喜出望外地跑出来，

bēn chū　　mǎ shàng yù suǒ jiāo shí　　jí yáng biān yù yuē　　shì zì
奔出，马上遇所交识，即扬鞭语曰："适自
骑马碰到了相识的人，就扬着马鞭子得意地说："刚刚从相府出来，相公待

xiàng gōng jiā lái　　xiàng gōng hòu wǒ　　hòu wǒ　　qiě xū yán zhuàng
相公家来，相公厚我，厚我。"且虚言状。
我好极了，好极了！"并且夸大其词地说起自己如何受到厚待。与他相识的

jí suǒ jiāo shí　　yì xīn wèi xiàng gōng hòu zhī yǐ　　xiàng gōng yòu shāo shāo
即所交识，亦心畏相公厚之矣。相公又稍稍
人，也因为相公看重他而对他产生了敬畏之心。相公又间或地向人提起："某

yù rén yuē　　mǒu yě xián　　mǒu yě xián　　wén zhě yì xīn jì jiāo
语人曰："某也贤，某也贤。"闻者亦心计交
人不错啊！某人不错啊！"听到的人也心领神会，交口称赞他。这就是现在

zàn zhī　　cǐ shì suǒ wèi shàng xià xiāng fú yě　　zhǎng zhě wèi pú néng zhī
赞之。此世所谓上下相孚也。长者谓仆能之
世上所说的"上下之间互相信任"吧。您老人家认为我能这样做吗？

hū
乎？

①孚：信任。②不才：对自己的谦称。③甘言媚词：指说奉承话，
对人献媚。④刺：谒见时所用的名片。⑤盥栉：梳洗。⑥走马：

骑马奔跑。⑦向：从前，上次。⑧官人：这里指门者。

qián suǒ wèi quán mén zhě   zì suì shí fú là yí cì   zhī wài
前所谓权门者，自岁时伏腊一刺①之外，
前面提到的权贵，我除了过年过节投上一个名帖以外，整年也不去。

jí jīng nián bù wǎng yě   jiàn dào jīng qí mén   zé yì yǎn ěr bì mù
即经年不往也。间道经其门，则亦掩耳闭目，
偶然路经他的门前，便捂了耳朵，闭上眼睛，催马疾驰而过，就好像有人追

yuè mǎ jí zǒu guò zhī   ruò yǒu suǒ zhuī zhú zhě   sī zé pú zhī biǎn zhōng
跃马疾走过之，若有所追逐者。斯则仆之褊衷②，
赶我一样。这就是我狭隘的心胸，我也为此长久地不被上司喜欢，但我却更

yǐ cǐ cháng bú jiàn yuè yú zhǎng lì   pú zé yù yì bú gù yě   měi
以此长不见悦于长吏，仆则愈益不顾也。每
加地不管不顾。我常常夸口说："人各有命，我只是安守自己的本分罢了！"

dà yán yuē   rén shēng yǒu mìng   wú wéi shǒu fèn ér yǐ   zhǎng
大言曰："人生有命，吾惟守分而已。"长
您老人家听了这番话，不会讨厌我的迂阔不通情吧？

zhě wén zhī   dé wú③   yàn qí wéi yū hū
者闻之，得无③厌其为迂乎？

①岁时：一年四季。一刺：持名片拜谒一次。②褊衷：狭隘的心胸。
③得无：该不会。

——— 深入浅出读古文 ———

明朝嘉靖年间，严嵩父子弄权，朝政腐败，不少官员为升官发财，就依附于严嵩父子，一时间贿赂成风。宗臣对这一现象十分痛恨，他借给长辈刘一丈回信之机，就来信中的"上下相孚"一语进行发挥，揭露官员贿赂相国的行径，并对他们巴结权贵的行为进行讽刺。最后表明自己绝不同流合污的心迹。

本文首段对长者的馈赠行为表示感谢；第二段紧紧围绕"上下相孚，才德称位"表达自己的感慨，形象地将官场上趋炎附势的种种丑态表现出来，并对"上下相孚，才德称位"质疑；第三段写作者平日对待上司的态度，也对前文的内容进行回应。此文写谄媚之人伺候之苦、献媚之劳、得意之状，字字传神。末尾说出自己的气节，两两相较，清浊之分，可谓鲜明。

✦知识加油站✦

嘉靖七子

嘉靖七子是明嘉靖、隆庆年间中国明代的文学流派。成员包括李攀龙、王世贞、谢榛、宗臣、梁有誉、徐中行、吴国伦。因受之前以李梦阳、何景明等人为代表的"前七子"的影响，他们继续提倡复古，相互呼应，彼此标榜，声势更为浩大。

阅读与思考

《乐毅报燕王书》是怎样体现乐毅的聪明才智的？

_____

_____

_____

_____

_____

在《前出师表》里，诸葛亮表达了怎样的忠心？

_____

_____

_____

_____

_____

阅读与思考

魏微在《谏太宗十思疏》中，提出了居安思危这一思想，你是如何理解的？

_____

_____

_____

_____

_____

_____

在《与韩荆州书》里，你学到了作者怎样的自荐艺术？

_____

_____

_____

_____

_____

_____